佳教有方



# 沟通

# 从牙牙学语时开始

## 学龄前儿童家庭教育宝典

陆士桢 宣飞霞 著

中国少年儿童新闻出版总社
中国少年儿童出版社

北 京

图书在版编目（CIP）数据

沟通从牙牙学语时开始 / 陆士桢，宣飞霞著. —北京：中国少年儿童出版社，2014.4
（佳教有方）
ISBN 978-7-5148-1598-6

Ⅰ. ①沟… Ⅱ. ①陆… ②宣… Ⅲ. ①学前儿童－家庭教育 Ⅳ. ①G78

中国版本图书馆 CIP 数据核字（2014）第 053462 号

GOUTONG CONG YAYAXUEYU SHI KAISHI
（佳教有方）

出 版 发 行：中国少年儿童新闻出版总社
中國少年兒童出版社
出 版 人：李学谦
执行出版人：赵恒峰

著 者：陆士桢
宣飞霞
插 图：徐永林
责任校对：赵聪兰
责任编辑：李 橦
执行编辑：纪 旭
装帧设计：刘玉兰
责任印务：任钦丽

社 址：北京市朝阳区建国门外大街丙 12 号
邮政编码：100022
总 编 室：010-57526071
传 真：010-57526075
发 行 部：010-57526568
h t t p：//www. ccppg. com. cn
e-mail：zbs@ccppg. com. cn

印刷：北京友谊印刷有限公司

开本：880mm × 1230mm 1/32
印张：5.5
2014 年 4 月第 1 版
2014 年 4 月北京第 1 次印刷
印数：8000 册

ISBN 978-7-5148-1598-6
定价：15.00元

# 写在前面

随着孩子的出生，带给父母的是无限的乐趣。当然，随之而来也出现了诸多的困扰与无奈。儿童的成长是一个特别复杂的事情，更何况我们正处于这样快速发展与激烈变化的社会变革之中。越来越多的事例表明，过去那种以社会影响的主渠道为主，父母的无意识教育为辅的儿童教养模式早已失去了现实意义与可行性。父母的主动、有意识、科学的教育不仅是时代趋势，也实实在在地成为当代少年儿童健康成长的必要条件。



本书按照学龄前、学龄期和青春期这三个阶段，从一个孩子作为一个生物个体，成长为合格健康的社会人的最主要方面提出一些建议，内容涉及社会道德发展、行为习惯的养成、情绪心理的成熟、人际关系能力的提高和智力开发五个方面。这其实正是一个孩子成长为一个独立的社会人的最主要的发展元素，也是家庭教育应该关注的问题。

一个教育工作者曾经无奈地描绘了目前学校、家庭、社会教育的错位：教师忙着教孩子穿衣服、扣扣子；父母忙着帮孩子默写生字、改算术题……那么，在孩子的成长过程中，父母应该在哪些方面对孩子实施教育和影响？家庭教育过程中父母究竟应该做些什么？怎样才能做得更好一些？本书将给大家提供一些可以操作的建议。

特别说明，宗君、孙晶晶、李月圆等也参与了资料的收集和整理工作，对此书亦有贡献。

# 目录

第一章　长大的表现和懂规矩——道德教育起步于“不懂事” …… 1

孩子在长大——婴幼儿生理发展特征 …… 2

早期教育，德育先行——道德教育从小抓起 …… 7

3岁孩子爱说谎——培养一个诚实的孩子 …… 9

你不是唯一——教孩子学会关心别人 …… 12

不爱劳动难成人——培养孩子的劳动美德 …… 14

一针一线得来不易——培养孩子节俭的好品质 …… 16

我是中国人——培养孩子拥有一颗爱国心 …… 19

自私自利难在社会立足——教育孩子从小遵守社会公德 …… 21

教孩子懂得文明礼仪——让孩子成为有教养的人 …… 23

切勿滥用物质奖励——培养孩子正确的金钱观 …… 25

家有家规——培养孩子规则意识 …… 27

男孩还是女孩——如何对婴幼儿进行性教育 …… 29

第二章　好习惯和好孩子——不可忽略的种种“细节” …… 32

习惯成自然——好习惯让孩子一生受益 …… 33

好习惯、好身体——健康从习惯开始 …… 35
让孩子吃好饭——培养孩子科学的饮食习惯 …… 37
孩子不肯上床睡觉怎么办——培养孩子良好的作息习惯 …… 39
如何杜绝孩子乱扔东西——培养孩子管理自己物品的习惯 …… 42
看电视有害吗——让孩子养成看电视的好习惯 …… 44
手指不是棒棒糖——如何帮助孩子改掉吮手指的坏习惯 …… 46
妈妈，别走—— 孩子黏人怎么办 …… 48
言行不一的两面派的宝宝——孩子家园表现不一致怎么办 …… 50
小皇帝的脾气——怎样矫正孩子的撒泼行为 …… 52
孩子打架了——如何处理孩子的打架事件 …… 55
玩小鸡鸡不是一件小事——正确引导男孩子的性认识 …… 57
健康牙齿、灿烂笑容——帮助孩子做好口腔保健 …… 59
孩子有磨牙的习惯怎么办——关注孩子心理和精神上的压力 …… 62
孩子爱拿别人的东西怎么办——如何纠正孩子的“偷拿”行为 …… 64

第三章　苦恼和发泄——情绪放松和收敛的学问也是“童子功” …… 67
做自己情绪的主人——情商，要从小培养 …… 68

孩子总爱发脾气怎么办——让任性远离孩子 …………… 69
做乐观的小天使——培养孩子乐观开朗的性格 ………… 71
把爱藏起一半——让孩子变得更加坚强 ……………… 74
幽默风趣——人生智慧的表现 ………………………… 76
对孩子说“我爱你”——培养孩子的自信心 ………… 78
心急吃不了热豆腐——让孩子变得有耐心 …………… 80
家里有个“人来疯”——如何应对尴尬局面 ………… 83
当他打翻了“醋坛子”——帮孩子克服忌妒心 ……… 85
风雨过后方有彩虹——让孩子接受挫折教育 ………… 87
两岁的孩子难管——度过孩子的第一个反抗期 ……… 89
为害羞的孩子打开世界之窗——培养孩子主动社交的意识 ………………………………………………… 91
保护易碎的心——当孩子的情绪受伤时怎么办 ……… 93
孩子到底怕什么——帮助孩子认识恐惧 ……………… 95
孩子，别害怕——让孩子变得勇敢 …………………… 97

第四章 越来越不听话和日渐发展的叛逆——沟通从牙牙学语时就开始 ……………… 100
与孩子做朋友——亲子沟通的原则 ………………… 101
让孩子甘愿受罚——处罚孩子的哲学 ……………… 103
表扬中有大学问——如何表扬更有效 ……………… 105
孩子，请说出心里话——九招让孩子倾吐心声 …… 107
如何与1岁大的孩子沟通——对1岁孩子的语言培养 ……………………………………………… 109

倾听孩子——听出孩子的“心” …… 112
交谈——沟通中的一门艺术 …… 114
当孩子让父母生气的时候——如何做好应对冲突的准备 …… 116
如何对孩子说“不”——引导孩子懂得拒绝和禁止 …… 118
蹲下来，与孩子平等——做尊重孩子的父母 …… 120
树立父母的威信——强大的教育力量 …… 122
换个方式让孩子听话——父母怎样说话孩子才会听 …… 123
保留一颗童心——将隔阂化为理解 …… 126
帮孩子正确面对性别——与孩子在性别问题上的沟通 …… 128

第五章　智力开发和全面成长——学什么及怎样学 …… 131
做好孩子的第一任老师——早期教育教什么 …… 132
让孩子有一张巧嘴——培养孩子的语言表达能力 …… 134
让孩子有个好记性——增强孩子的记忆力 …… 136
带孩子发现世界——培养孩子的观察力 …… 139
让孩子更杰出——培养孩子的创造力 …… 141
让想象插上翅膀——培养孩子的想象力 …… 144
家里有个“小书虫”——培养孩子的阅读兴趣 …… 145
选好精神食粮——为孩子选择合适的书籍 …… 147
父母如何引导孩子认字——培养孩子的识字能力 …… 150
发现数学小天才——挖掘孩子的数学逻辑潜能 …… 152

给孩子一个彩色的童年——培养孩子的绘画才能 …………155
做个音乐小精灵——开发孩子的音乐智能 ……………………158
让孩子轻松“触”电——对学龄前儿童的电脑教育 …………160
积极与人交往——打造孩子的社交能力 ……………………162
帮助孩子应对同伴冲突——培养孩子化解矛盾的
能力 ……………………………………………………164
参考书目 ……………………………………………………167

# 第一章　长大的表现和懂规矩

## ——道德教育起步于“不懂事”

道德和规矩，是一个人安身立命于社会的第一要务，也是一个人是否发展顺利的重要指标。道德教育难度大，特别是人们习惯了讲大道理、管制行为的道德教育模式，加上复杂开放的社会背景，家庭里的道德教育实施就越发显得艰难和无效。但道德教育却是家庭教育的核心内容，没有一个父母可以逃避这个命题。对此，我们提出的第一个建议就是：道德教育要从孩子不懂事时就开始施行，家庭道德教育起步于孩子“不懂事”。

## 孩子在长大——婴幼儿生理发展特征

了解孩子不同时期的生长规律是为了科学照料，那么，对婴幼儿照料的基本要点有哪些呢？

### 1岁婴儿的发展及照料要点

在婴儿出生的第一年中，他以惊人的速度长大。这是人一生中生长的第一个黄金时期。事实上，到1岁时，他们的体重将是出生时的3倍，身高也将增加1倍。大多数的婴儿在1岁时将学会爬，甚至可能迈出小心翼翼的第一步！在照料1岁婴儿的过程中，最重要的要点就是父母要温和、要有责任感，具体做法：

花大量的时间扶持、搂抱所照料的婴儿，并同他玩耍；

对婴儿的哭泣及时做出反应，以帮助他建立起信任感和安全感；

不要让婴儿接触任何危险的东西！在保证安全的情况下鼓励他去尝试新的事物；

和婴儿说话，读书给婴儿听，为他将来的语言发展打下基础。

在父母的悉心照料下，婴儿将以牙牙学语、微笑和尖声大笑作为回报。

### 1~2岁婴儿的发展及照料要点

在这一阶段，婴儿表现出真正的活跃。他们正在建立自己真正的人格。婴儿迈出的第一步和说出的第一个字都令人激动。这一阶段的成长很快，不过体重和身高的增加就不那么迅速了。父母也许注意到这个年龄的摇摇摆摆走路的婴儿喜欢模仿任何东西。在照料 1～2 岁的婴儿时应做到以下几点：

可以在不同的节奏下，和他一起随音乐起舞；

为他提供简单的乐器，如拨浪鼓；

这时是教给他简单的手指游戏的大好机会；

充分抓住和利用日常生活中发生的每一件事；

注意多和孩子玩对话接龙的游戏，以鼓励他的语言发展，如婴儿说“小鸭”时，可以说“对了，小鸭又小又软”；

鼓励他玩“穿衣服”的游戏。



2～3 岁婴儿的发展及照料要点

两岁的婴儿喜欢独立！他们喜欢说“我的”、“不”、“我来做”等。他们的情绪变化多端，会在短短几分钟内由激动到生气再到高兴。他们会花大量的时间来探索、推拉、装满、倾倒和触摸各种物体。两岁的婴儿对自己和他所能做的事表现得更有自信。他们的个头儿在长高，他们的食欲会减弱，甚至可能会挑食。但他们仍然长得很快。在照料 2～3 岁的婴儿时：

父母会发现他非常依恋照料他的人，虽然他不断尝试新的想法并探究周围的环境，但他仍然需要支持和信任，所以父母要积极地给予配合；

两岁的婴儿通常会对别的孩子产生兴趣，但是当孩子间的拥抱变成轻拍、轻拍变成重击时，社交的兴趣和生理承受力就会发生冲突了，因此，父母必须教会他如何恰当地表达亲热；

在这一阶段，可以让他帮着做一些简单的家务，如收拾玩具等；特别要注意的是，生活中不要强迫他用右手或左手；一些两岁大的婴儿会对某只手表现出偏好，但大多在几年内便会同时使用两只手。

3～4 岁幼儿的发展及照料要点

3 岁大的幼儿对世界充满了好奇，他们会花很多时间去观察和模仿。他们整天专注于探索自己的世界。他们对复杂的运动很感兴趣。对他们来说，花整个上午的时间挖泥或者骑心爱的儿童三轮车是很正常的事情：

请注意，不要用成人的思维方式去约束他，3 岁的幼儿对过去的事没有什么记忆力，他不理解成人所说的“昨天”和“明天”；

他经常会进行重复活动，或者不断完成一件事又将它破坏，比如把拼图堆在一起，这些活动对于将来他对变化和稳定的理解非常重要；

平静客观地对待他的一些行为，切记不要羞辱他！在他上厕所时要有耐心，很多幼儿（特别是男孩）直到 5 岁之后才开始真正学会上厕所；

鼓励他手眼合作的发展，比如为他提供一些大纽扣或旧的珠子，让他用鞋带把它们穿起来；

经常同他交谈、说短句子、提问，并且聆听他的回答；

教他记住周围人的姓名；

培养他倾听、表达和阅读的兴趣；

教他学唱简单的歌曲；

格外小心地照料他，努力避免可能会发生的意外。

### 4~5 岁幼儿的发展及照料要点

最好用“精力充沛”和“想象力丰富”来形容 4 岁的幼儿。他们常常缺乏耐心，显得傻乎乎的。他们开始有幽默感，常花大量的时间来装傻以及讲“笑话”给父母听。4 岁幼儿的语言中可能包括一些傻乎乎的词，甚至还可能有些不敬的话。他们的讲话中还常伴随着喧闹的大笑声：

千万不要认为他在说谎！对 4 岁的幼儿来说，想象突然变得比现实生活还重要，这使得他常常感到迷惑，分不清现实和“想象的现实”，所以讲一些颠三倒四的故事，并且说话夸张也是常有的事；

密切关注他的行动！4 岁的幼儿对自己能做的事感觉良好，表现出自信，并乐于尝试新的冒险，他会在楼梯上跑上跑下，拐弯跑，蹬着小三轮车或踏板车猛冲一气……在他不能正确估计自己的实力而尝试一些冒险、出格的行为时，需要父母充分注意；

注意培养他更高级的各种技能，每天大声阅读书籍，并鼓励他自己看书，和他一起说一些儿歌并用手指表演，鼓励他给更多的小伙伴讲故事听，培养他对写字和认字词的兴趣，教给他重要的数字和空间概念，教他正确地使用电话；

要夸奖他的“成就”，并为他的“自由”和“独立”提供机会，因为 4 岁的幼儿对被重视有强烈的要求；

拓宽他的生活范畴，教会他使用标示物认识家周围的路，鼓励他参加体育活动、模仿各种动物走路、跟大家一起玩。

5～6岁幼儿的发展及照料要点

5岁大的幼儿快乐、活跃和热情。他们喜欢计划，并会花大量的时间讨论谁做什么。他们尤其喜欢演戏，通常是和别的孩子一起。他们对周围人的要求及感觉更加敏感。对他们来说，轮流做某件事或者和别人分享玩具及其他东西已经不再那么困难了，“最好的朋友”变得非常重要：

可以通过玩一些带有约定的、复杂一些的、需要互动的动作性游戏，鼓励他锻炼身体各部分的配合和平衡感；

鼓励他做一些带有社会意义的行为，如为他演示如何修补玩具和书本；

在日常的亲子共读中，通过为不同的角色配不同的声音，使阅读活动增添戏剧效果；当读到熟悉的故事时，先不要讲结尾，停下来，让他为故事加上自己的结尾；

让他讲故事给爸爸妈妈听，把它写下来，贴在墙上或冰箱门上，再问他一些“如果、怎样、会怎样”的问题，如果故事中有5只小猪而不是3只，那会怎样呢？如果“小红帽”碰到的是小兔子而不是大灰狼，那会怎么样呢？

为他提供机会，通过在小团体中游戏来教会他和小伙伴建立规则意识；并通过简单的游戏，和他说说发生了什么事以及为什么会发生，给一些他能理解的回答，帮助他学会严肃对待问题；

在他上厕所时允许他有一些隐私，要注意提醒他洗手，直到养成习惯为止；

对他的不整洁和杂乱要保持耐心，给他充分的时间帮助他学会整理；

鼓励他接触和探求周围人和有趣的东西，如杯子、鼓、铃铛、一起玩耍的小伙伴以及距离、图形等，5 岁的幼儿对数字的兴趣开始变得浓厚。

## 早期教育，德育先行——道德教育从小抓起

有一个学校的初中二年级，老师向 300 名 14 岁的孩子发了这样一张调查表：“同学们，尊老爱幼是我们中华民族的传统美德。如果你正坐在公共汽车上，上来了一位老大爷，而这时车上已经没有空座位了，请问你会怎样做呢？”备选答案有 3 个：1. 立即起身给老大爷让座；2. 等自己到站时再把座位让给他；3. 装作没看见。调查的结果是：只有 3 名同学选择了“立即起身给老大爷让座”，约占调查总人数的 1%；有 20 人选择了“等自己到站时再把座位让给他”，约占 6%；而剩下的将近 93%的孩子都选择了“装作没看见”！目前在中小学，70%以上的家长为孩子的自私自利、不心疼长辈而失望，究其原因主要就是在幼儿阶段没有培养孩子良好健康的道德意识。

中国有句老话：“3 岁看大，7 岁看老。”当然，如果真的就凭着一个孩子 3 岁或 7 岁的表现去断定他的未来，那显然是不现实的。但是，这句话至少告诉人们这样一个道理：幼年时期是人生的一个重要时期，因为这个时期不仅是人生

智力开发和提高的关键时期，而且也是人生品德和性格形成的关键时期。

现在的父母对孩子早期的智力开发相当重视，这是十分必要的。科学研究表明，3 至 8 岁是人生智力开发的特殊年龄阶段。在这一时期里，脑细胞中的所有染色体都在健康发育，所以这一期间是人生最敏感的时期，在这个时期内所受的教育常常是令人终生难忘的。但现在社会上流行着一种早期教育“重智育、轻德育”的风气。有些家长认为孩子还小，什么都不懂，也没有什么是非感，对他们进行道德教育是“对牛弹琴”，没有效果。还有些家长，特别是一些祖父母，由于对孩子过于疼爱，不舍得让孩子受一点儿委屈，总以为等孩子大了自然就有了应有的良好品德。这些观念都是十分错误的。一项科学研究发现，我国 4 岁幼儿便已有一半以上能够判断，伤害别人对方会感到不开心。由此可见，孩子很小时就具有了一定的道德认知水平，父母必须抓住这个关键时期，为他以后的人生打下基础。

幼儿期的道德教育实施需要讲究方法。有一个 4 岁的女孩子，跟着妈妈乘坐公共汽车。行驶过程中，上来了一位老爷爷。妈妈于是对女儿说：“孩子，你看那个老爷爷那么大年纪了，他站在那里会不会很累呀?”这个小女孩马上对着老爷爷甜甜地说道：“老爷爷，您到我这里来坐吧！”生活的时时处处都可以找到对幼儿进行道德教育的素材。对幼儿的道德教育事例要生动鲜活，易于理解和实际操作，进而通过具体行为强化幼儿的道德认知。

## 3岁孩子爱说谎——培养一个诚实的孩子

近日，小翔的妈妈留意到，3岁的儿子常对人说谎，不禁有点儿担心孩子的品德问题。“才3岁，就学会说谎了，长大了还不知道会怎么样呢！”小翔妈妈这样抱怨道。原来，那天小翔的舅舅来家玩，舅舅逗小翔，问他几岁了，明明知道自己年龄的小翔居然说：“4岁多了！”把舅舅逗得捧腹大笑，还给了他一块糖。“照这样下去，他会不会小时骗根针、大了骗块金啊?”小翔妈妈更是忧心忡忡地想到。

其实，类似小翔这样的问题，在3岁以下的婴儿中是一种极为常见的现象。在这一阶段，孩子的生活范围和知识面相应扩大，想象力和语言水平迅速发展，造成孩子常常会把想象的东西当成是真实的东西。一般说来，此时孩子那些无伤大雅的“谎言”可能源于以下两个原因：

**活跃的想象力**。意大利著名教育家、蒙台梭利教育法的创始人蒙台梭利博士曾经指出：婴幼儿时期是孩子生长发育的关键时期。在3岁以前，孩子的脑神经就已经完成了60%的配线工作。这个时期的孩子想象力极为丰富，学东西也很快，能够以惊人的速度将看到的、听到的及接触到的事物一一吸收。但是，由于此时尚缺乏分辨是非的能力，因此孩子也就很容易想当然地认为事情就是他所以为的那样。

**健忘**。多数婴儿的注意力都不会太集中，很容易被其他东西吸引并立即忘记刚才所发生的事情。比如，有时父母责怪宝宝把饭碗打翻了弄得满地都是饭粒，或者在刚送来的报纸上乱写乱画的时候，宝宝可能会矢口否认。父母则以为宝宝是在说谎、抵赖。其实，宝宝很可能根本就忘了有这回事。父母这样责怪他，他反而会觉得很委屈，不知自己究竟做错了什么。

对于3岁以下的婴儿，当父母觉得他在“抵赖”或“说谎”的时候，切忌因此而惩罚他。因为孩子一般要到3岁甚至4岁以后，才能逐渐将现实和幻想区别开来。所以，要用这个年龄段的孩子所能够明白的方式，温柔地引导孩子说真话，才是明智之举。父母不妨借鉴以下几个办法：

**分清孩子说谎的性质**。有些谎言并不是孩子故意所为，而是这个年龄阶段的孩子还不太分得清现实和幻想，也比较容易健忘。对于这一类的谎言父母不必惊慌，因为随着孩子年龄的增长，这个问题会自然得到解决。当听到自家的小家伙在吹牛的时候，父母与其担忧倒不如放松一点儿，好好地享受孩子的“童话免费大放送”。

**鼓励孩子说真话**。看到孩子做错事的时候，许多父母的第一个反应就是责骂孩子。在此要奉劝各位年轻的爸爸妈妈，当孩子告诉你他把饭碗打翻了的时候，如果马上拉长脸责怪他“不乖”、“不听话”，并对他大喊大叫，他就会认为说实话不好，会被父母骂的。因此，这时父母倒不如夸他“宝宝告诉妈妈了，真乖”。这样，也就等于在告诉宝宝，说实话的孩子才是好孩子。

**切忌责难**。在与朋友相处的时候，几乎每个人都会很留意自己的表达方式，如语调和用词等。这是因为大家都知道，不同的表达方式会传递不同的信息，从而也会导致不同的反馈。然而，在对待孩子的时候，许多成年人往往会忽略这一点。如果父母想要引导孩子说真话，而不只是对自己所做的错事矢口否认，那么就必须注意自己说话的方式。例如，“这饭粒怎么会弄得满桌子都是呢，要是有人能帮我把它们捡起来就好了。”就比说“你怎么把饭粒弄得到处都是？下次再这样就不给你吃了！”会收到更好的效果。

**建立信任的关系**。想要孩子不说谎，最重要的是父母自己首先不说谎。特别是跟孩子说话时，更要说真话建立起信任的关系。既然打针是会痛的，就不应骗孩子说，“打针不痛的，真的不痛的。宝宝乖乖地让护士姐姐给你打吧。”这样的话是没有作用的，也是毫无意义的。因为针头一扎下去，宝宝马上就会痛得大哭大叫起来。因此，这时父母倒不如对宝宝说些怜惜、鼓励的话，并嘱咐他以后注意多穿衣服，这样就不容易生病了，等等。

**以身作则**。父母是孩子最好的老师，是孩子最早的模仿对象。要想让孩子成为一个诚实的人，首先父母就必须是诚实的。父母必须对孩子诚实，“曾子杀猪”的故事对现在的父母仍有很大的教育意义。同时，父母在处理生活事务和待人接物上也要做到诚实和正直。如果嘴上一套，行动上又是一套，是难以让孩子心服口服的。

总的来说，婴儿说谎大多是正常现象，对此父母要善于引导，就能既不扼杀宝宝的想象力，又能鼓励宝宝说实话。

## 你不是唯一——教孩子学会关心别人

生活中常常听到这样的抱怨，“我的孩子完全不懂得体贴别人。他乐于向其他小朋友借玩具，但是自己的玩具却死也不愿意借给别人。”父母们普遍觉得，现在的孩子越来越以自我为中心，不懂得关心别人，也不能体会别人的感受。其实，这与他们生长的家庭环境有密切关系。现在的孩子大多是独生子女，家庭生活条件优越；许多孩子更被父母视为掌上明珠，生活中对他们百依百顺、迁就迎合，进而渐渐形成了“自我中心”的心理倾向：不珍惜别人的劳动，更不懂得体贴人、关心人。问题出在孩子身上，根源却在父母。平时经常听到一些家长对孩子说，“这是你最喜欢的玩具”、“这是你最爱吃的菜”……却很少听到要求孩子与别人分享。

任何人看到乖巧懂事、善解人意的小孩儿，都会感到心情愉快，进而露出会心的微笑，同时更希望自己的孩子也能做到。那如何让自己的孩子成为善解人意、懂得关心他人的小天使呢？

要让孩子学会关心他人，首先就要培养他察觉他人感觉的能力，以及与对方产生共鸣的能力。例如，

“我觉得非常难过，想必他一定也十分难过吧！”由于与对方的心有同感，便会想去安慰、关心对方。又或者想到“我也有跟小朋友借玩具的时候，如果当时小朋友把玩具借给我，我就会非常高兴。因此，小朋友向我借玩具也是理所当然的，如果我借给他的话，他应该十分高兴才对。”经过这么一想，再把玩具借给对方，才算是真正理解了善解人意，以后也才能有这样的行为。

**家庭亲子关系的良好互动是培养这种能力的基本方法。**一般说来，即使是4岁左右的孩子也不具备正确表达自己行动动机的语言能力，因此，父母的洞察力成了关键所在。结果是，“父母本身善解人意”，便成为“培养孩子善解人意的利器”。对于无法用语言充分表达自己意愿的孩子而言，如果父母能真正理解他们的感受，这是最令孩子欣慰的一件事。如果孩子拥有这样的父母，就能深深体会到，当自己悲伤难过时，有人能帮助自己分担这种烦恼；同时在以后和父母或其他人的交往中，就会不自觉地考虑别人的想法，成为关心他人的好孩子。

**要使孩子认识自己和周围人的关系。**父母不要把孩子当作“小太阳”，全家人围着他转，造成他的特殊地位，而要尽量让他生活在平等互助的家庭气氛里，学会与他人友好相处。父母要随时提醒孩子想到别人，纠正他不顾别人利益的行为。例如：外出乘车时教育孩子不能给别人添麻烦，看到老人、残疾人，应主动将座位让给他们；去医院时，告诉孩子这里有许多病人，他们需要安静休养，不喜欢吵闹，教育孩子不要大声喧哗……通过这些做法，要让孩子逐渐懂得社会是由各种各样的人组成的，为了使大家心情愉快地生活，大家就要互相关心、互相帮助。

**让孩子懂得并且学会“分享”、“轮流”、“合作”等社会行为**。孩子的自觉意识和行为是在不断实践中得到巩固与发展的。父母要善于为孩子创造“心中有他人”的机会，帮助他通过自己的行动，在心灵深处感悟到别人的需要，也体会到助人以后的愉快心情。例如家里买了好吃的，可以让孩子来分给大家吃，帮助他体验全家人一起“分享”的快乐，天长日久孩子就会逐渐养成“分享”的良好品质。在孩子和同伴相处时，父母应引导孩子对大家都喜欢的玩具不争抢，可以商量着你玩一会儿，我玩一会儿，大家“轮流”玩，或者大家 “合作”一起玩，长期坚持下去，可以使孩子体会到游戏中因为有了同伴，才可以玩得更加愉快。

**如果有条件和机会的话，可以让孩子适当参加一些社会公益活动**。比如说给贫困地区的孩子捐衣捐物的慈善活动，带孩子看一些公益性的展览等等。总之要让孩子多走出家门，多接触社会，了解社会上还有许多需要关心、需要帮助的人。

## 不爱劳动难成人——培养孩子的劳动美德

“妈妈，我的袜子脏了，快帮我洗洗”、“爸爸，我的小汽车坏了，快帮我修修”……在家里，时不时听到宝宝要父母做这做那，自己却不肯动手。现在有些孩子，懒得铺床叠被，懒得洗袜子、洗手绢，甚至懒得洗脸、洗脚。他们是家里理所当然的“小皇帝”、“小公主”。事实上，父母重视对孩子从小培养热爱劳动品质的并不多。这是有原因的：

**首先是父母怕孩子干不好，还不如自己干痛快、省事。**每一位父母都心疼孩子，怕孩子吃苦受累，甚至有的父母认为今天的孩子就是应该享福的一代。可是，父母越不让干，孩子就越不想干，也越不会干。劳动习惯必须有一个培养过程。

**其次是现在的家庭往往是父母、祖父母、外祖父母六个大人围着一个孩子转，什么事情都由他们做好了，孩子根本就没有插手的机会。**久而久之，“饭来张口，衣来伸手”，对孩子来说便成了天经地义的事。

为了让宝宝成为爱劳动的好孩子，父母可以从以下几方面着手：

**转变观念，放心地让孩子参与劳动。**从孩子的天性来看，他们对劳动并不反感，相反却表现得跃跃欲试：他看见父母在擦地，也会伸出小手去抢抹布，笨手笨脚地学着擦上几下，可大多数父母都会喝止住他。在父母的喝止声中，孩子就会以为这些家务与自己没有关系，不需要插手，久而久之也就不想干了，不爱干了。其实，让孩子从小做些简单的家务，有助于培养他们吃苦耐劳、珍惜劳动成果、珍视家庭真情、尊重他人等品质。所以，父母应尽可能地让孩子尝试去做一些家务劳动，逐渐培养他的劳动意识。

**为孩子创造劳动的条件。** 让孩子独自劳动，也许他会觉得没劲。所以家长可利用孩子好表现，希望得到表扬、夸赞、受欢迎等这些心理，对孩子的劳动予以肯定，让孩子在劳动中增长见识，体会到劳动的乐趣。最好每天安排一定量的劳动，一个时期内按孩子的实际情况固定内容，并由简单到复杂。同时，不应光强调“自己的事情自己干”，还要强调“家里的事情主动干”。

**从小抓起，帮助孩子树立正确的劳动观念。**孩子厌恶劳动与体验不到劳动的快乐有关，也与孩子的父母的价值观和一些错误的教育方式有关。在生活中常听到家长们用劳动来吓唬孩子的例子。好多父母会说，你必须好好学习，不然将来就要扫大街。甚至劳动成了父母惩罚孩子的一种手段。父母在孩子的幼小心灵中播下一颗厌恶劳动的种子，怎么还能期望孩子喜欢劳动呢？

**和孩子一起劳动。**可以每星期选定一天作为“家庭劳动日”（最好选在周末），父母和孩子一起劳动，陪伴孩子做一些简单的家务劳动，比如择菜、扫地等；也可以做一些较复杂的劳动，父母主要在一旁帮助和指导孩子的操作，引导他顺利地完成劳动。需要注意的是，对孩子的指导要有耐心，要以鼓励为主，让孩子感受到劳动的乐趣。

**不把劳动作为惩罚孩子的手段。**每一位父母必须注意，不应简单地把孩子当成劳动力使唤，不应简单地以金钱和物质对孩子的劳动进行奖惩，更不能把劳动当作惩罚孩子的手段。如果孩子在劳动中有失误，不能训斥和责备。

## 一针一线得来不易——培养孩子节俭的好品质

现在的孩子很多都不知道节俭。发生在孩子身上的浪费现象每天都在上演。社会上的许多传媒起劲地宣传吃好、穿好、用好，刺激孩子过度消费的广告满眼皆是。父母出于疼爱“独苗苗”，迁就孩子花钱自不必说，就连自身也往往产生了非合理消费的心理——攀比、从众、追时髦、喜新厌旧等等。时代变了，人们的消费观念确实应该改变，但节俭是永远不能丢的美德。每个家庭的经济状况不同，针对孩子如何把钱用在有利于他的健康发展上，父母应该认真动动脑子。不管花钱多少，以下三条是重要的标准：

是否高效益地使用金钱、财物，合理消费，用所当用；

是否有利于孩子的健康发展——形成良好的品质素质、身体素质、心理素质、文化素质；

是否杜绝了奢侈浪费、享乐主义。

为了培养孩子节俭的品质，下面给父母提出几项具体建议：

**教孩子正确认识钱**。要让孩子从小知道钱是什么，钱是怎么来的，怎样正确地对待钱财，以及不义之财绝不可取的道理。应该用一些生动的事例帮助孩子对钱有直观的感受，比如带孩子一起去市场买菜，让他在父母的引导下做一天的“管家婆”，使他有机会直接接触钱物。

**教孩子学会正确花钱**。孩子的消费行为是由被动逐步走向主动的，所以从小就应教孩子买东西，如何用钱，如何找钱，如何选择物有所值的物品。要教会孩子把钱保管好，防止丢失、被窃。还要让孩子学会先认真思考再花钱，而且逐渐养成习惯，避免盲目消费。有些父母让孩子在自己的指导下“一日当家”、“一周当家”、“记收支账”，这都是教孩子学会理财、培养节俭品质的好方法。

**教育孩子珍惜财物，不浪费**。要让孩子懂得所吃、所穿、所用来之不易，都是人们用汗水和心血创造出来的，随意浪费是不珍惜劳动果实、不尊重劳动的表现。可以让孩子经常参加力所能及的家务劳动，帮助孩子体会劳动的艰辛。有条件的家庭，可以带孩子去参观工厂、农村的生产劳动过程，参观书籍、报刊的印制过程等。

**教孩子学会积累**。孩子手里的零用钱、压岁钱在他小时候由父母掌管，但要逐步让孩子参与管理。特别要引导孩子学会积累。必需的东西才买，可买可不买的不买，把剩余的钱存起来。孩子在存钱、用钱的过程中，会逐渐养成节俭的好品质。

**教孩子懂得量入为出**。当孩子达到一定年龄阶段，要控制孩子花钱，每星期固定在各类消费上的额度。孩子自我控制与他的消费行为形成因果关系。有控制和额度的消费，会让孩子懂得，花钱要看支付能力，花钱必须有经济来源。

**对孩子的节俭行为给予及时的表扬，对浪费行为则要批评**。比如每天吃饭都要要求孩子把碗里的米饭吃干净，让孩子用储蓄罐里的钱买自己需要的东西……赏罚分明才能有利于让孩子形成节俭意识。

当然，培养孩子节俭的品质，首先应该从父母做起。爸爸妈妈从认识到行为，都应给孩子做出好榜样。

# 我是中国人——培养孩子拥有一颗爱国心

爱国精神是中华民族的精神支柱。要让孩子牢记，我们生活在中华人民共和国辽阔的土地上，就应该热爱我们的祖国。从小培养孩子的爱国精神不仅是父母的义务，也是为孩子将来适应社会打下基础。一个不热爱生己养己的祖国的人，必然不满这个国家和社会，必然对现实充满怨恨，也就必然无法很好地生活。所以，要让孩子从小记住，我是中国人，我爱自己的祖国。

对孩子进行爱国主义教育，一定要注意方式方法，应该按规律办事，否则就达不到教育的效果。针对这一时期孩子的特点，父母们可以从以下几方面入手：

**注意爱国主义教育的层次**。实施爱国主义教育是有层次的，对学龄前的孩子主要侧重于具体形象的情感的熏陶，培养孩子的爱国心。可以由爱父母、爱家乡、爱国旗国徽、学唱国歌等身边的事情做起，通过对具体事物的接触，引导孩子逐渐掌握祖国这一概念，进而培养孩子的爱国心。

**充分利用各种大众传媒进行爱国主义教育**。中央和各地的电视台、广播电台都有爱国主义教育的专题节目，父母可以选择适合孩子年龄阶段的节目，和孩子一起收看、收听，互相讨论，这样做会收到好的教育效果。还有介绍祖国风光的图册、儿童书籍也可以利用起来，经常和孩子一起阅读。这既可以作为启蒙教育，又可以陶冶孩子的爱国情操，可谓是一举两得。

**利用生活中的场景进行爱国主义教育**。社会事件往往以其鲜明的外部表现吸引着学龄前的儿童。父母可以通过种种具体事例，如新落成的幼儿园，或新型家电的出现，来向孩子说明我们国家正在进行着规模宏大的社会建设。还应教育孩子积极地关心周围的一切事物，让他为大家做一些力所能及的事情，比如帮助环卫工人捡拾空瓶，并自觉维护所住社区的环境卫生。

**过好每个纪念日**。比如在清明节父母可以带孩子去烈士陵园扫墓，在五一国际劳动节可以带孩子以做家务劳动这种方式度过有意义的一天，在国庆节则可以带孩子去观看升旗仪式，并向他讲述国家的光辉历史。通过生活中潜移默化的教育，加深孩子的爱国情感。

**参观爱国主义教育基地，游览祖国大好河山**。现在，全国各地都建立了一批爱国主义教育基地，有国家级的，也有省市级、地区级的。可以利用休息日或假期，全家人一起去参观，能够看得更仔细，感受更深。有条件的家庭还可以一起外出游览祖国的大好河山、名胜古迹，让美好的山水风物、历史文化积淀在孩子的幼小心中。

**跟孩子一起参与爱国主义的实践活动**。抗灾救灾、扶危济困、希望工程、植树造林、保护环境等各种充满爱国主义精神的社会实践活动，父母首先应该带头参加，并注意引导孩子关注这一类的事件，可以用简单生动的语言向孩子介绍。对孩子关于这类事件的提问，要予以表扬和鼓励，并耐心回答。

**父母还要随时注意自己的言行，不给孩子造成不良影**

响。部分家长出于某些原因，可能对国家、对社会有不当的看法，甚至心怀不满或怨气。但是请注意，发表言论时应注意场合、态度，免得在孩子心中留下不良的印象。

## 自私自利难在社会立足
### ——教育孩子从小遵守社会公德

许多父母都有这样的感叹："这一代独生子女自私、冷漠、不关心人、不懂规矩。"父母为孩子付出了全部的爱，可孩子回报给他们的爱却很少。在社会生活中这些孩子往往也极不懂规矩，只图自己方便，不管别人，不遵守社会公德。其实，这些问题的根源却在于父母对孩子不明智的爱。

许多家庭中，父母对子女的爱都是无条件的。家里的一切事情都由着孩子，唯恐孩子不高兴。家里毫无规矩章法可言，都由着孩子的性子行事，导致孩子毫无规则意识，进入社会生活也不懂得遵守社会公德。

要让自己的孩子成为遵守社会公德的人，父母就必须从以下几方面入手：

**让孩子爱护公共财物**。从小培养孩子要像爱护自己的东西一样爱护公共财物。教育孩子外出时要爱护公共设施，保护文物古迹，不乱写乱刻。陪孩子一起外出时，对那些破坏文物的现象父母更要表示不满，现场进行分析批评，不能无动于衷。

**让孩子学会遵守公共秩序**。要重视在日常生活中教育孩子自觉遵守各种规章制度和纪律。在影剧院、体育场、公园、图书馆、商店、公共汽车上，一定按规定办事，不为个人方便违反规定。尤其是看到有人违反规定时，千万不要出于从众心理也跟着去做。

**教育孩子维护公共场所卫生，保护环境**。现在，有些人不讲公德，随地吐痰，乱扔纸屑烟头，乱泼脏水，甚至公然破坏公共设施。父母要教育孩子分清是非，绝不能做这种不文明、不道德的事情。当发现孩子出现这方面倾向时，应及时指出并立即纠正。引导并支持孩子积极参加大扫除和保护环境的各种公益活动，有可能的话最好跟孩子一起参加，这对孩子最有教育作用。

**培养孩子关心公益事业**。关心公益事业的最基本表现是助人为乐。助人为乐是出于单纯和善良的动机，而不是为了受表扬。社会上许多助人为乐的人都是不留姓名的，应教育孩子向他们学习。父母要与孩子一起为公益事业做力所能及的事情，要以一颗善良与同情之心熏陶孩子，使他们从小拥有美好的心灵。如果认为公益事业“事不关己，高高挂起”，采取不闻不问的态度，将会给孩子心里埋下冷漠的种子。

**言传身教、以身作则**。个别父母的自私行为，为孩子的健康成长起到了相反的教育效果。很多父母在给予孩子爱的时候，却忘了在孩子心中播种下爱别人的种子。他们只知道爱孩子，却忘了还有爱祖国、爱社会、爱他人。有些妈妈上公共汽车更是怂恿孩子抢占座位，看见老人熟视无睹，甚至告诉孩子说：“一样买票，为什么要把座位让给他。”这样教育出来的孩子又怎么会很好地遵守社会公德。所以父母一定要言行一致，做好榜样，通过正向的行为力量潜移默化地影响孩子。

## 教孩子懂得文明礼仪——让孩子成为有教养的人



公园里，许多人在玩碰碰车，忽听一阵脆声喊叫：“刘建明，你给我回来！我还没玩够呢，我还要玩！”大家寻声望去，原来是个八九岁的小男孩在叫他的爸爸。有位老人好心劝导说：“怎么这样与长辈说话，真没礼貌。”小男孩马上回了一句：“你管得着吗？我叫惯了。”小男孩爸爸赶紧跑过来抹稀泥：“对不起，他真是叫惯了。我们家父子平等。”可这事儿让外人看着怎么也不那么对劲儿，有这样父子平等的吗？分明就是没有礼貌。

父母如果不想自己的孩子也变成那样，那么就要从两三岁的婴儿期开始训练。从最简单的站立、坐姿、走路、说话教起，订立一些规矩，告诉他什么是好的行为，什么是不好的行为，经常提醒他应该怎样做，不该怎样做。具体来说，父母不妨从下面的一些细节入手，对孩子进行教育，日积月累，帮助孩子懂得良好的文明礼仪。

**教会孩子说“请”、“谢谢”、“对不起”、“没关系”等礼貌语言。**父母必须亲身示范，在家中恰当地使用，给孩子做出榜样，然后再教会孩子使用。当他忘记使用这些礼貌语言时，父母应轻声提醒，反复纠正。比如孩子说：“我要吃饼干，快给我拿。”做妈妈的就轻轻摆摆手，告诉他：“你忘记该怎么说了吗?”孩子于是改口：“妈妈，给我一块饼干。”“很好，但还差一个字。”妈妈进一步提醒着。“妈妈，请给我一块饼干。”“真棒。”妈妈把饼干递给他说，“还有一句……”孩子会反应过来：“谢谢妈妈。”这样的语言训练过程像是在做游戏，孩子会很乐意接受。在反反复复的磨合之后，文明礼貌的语言习惯就会渐渐养成。

**教孩子尊重长辈，见面主动问好。**教会孩子遇见长辈热情问好，见了老师要行礼；对师长说话要称呼“您”；家庭团聚请老人、父母先坐。假如父母带孩子外出碰到他没见过的陌生人，告诉他要主动问叔叔（阿姨）好。当来家里做客的长辈要离开时，提醒孩子说“再见”或挥手表示告别。同时，父母要向他讲清楚，有礼貌的孩子才会受到大家的欢迎。

**教孩子与邻里和睦相处。**要求孩子进出家门见了邻居要主动问好。在院子里、楼道中邻里相遇不抢道，主动请别人先走。孩子到邻居家找小朋友玩，要求他先敲门，得到允许后再进入。楼房的住户一定要叮嘱孩子不在家中蹦跳、跑步、拍球、敲打地板，以免影响楼下邻居的休息，让他明白通过地板发出的吵闹声会妨碍楼下邻居的生活，使人家得不到安静，心里很不舒服。

**教孩子文明用餐。**家庭日常用餐前要先请老人、父母入座，等长辈动筷子后再吃饭。家庭聚餐座位不够时，教育孩子能够主动让出座位。对幼童可实行分餐，给他一个小盘装上不同的菜，保证吃完，不浪费。对已会使用筷子的孩子，要求他不要只夹一个盘子的菜，不要用筷子在菜盘里乱扒拉，不能独吃独占。在饭桌上不要大声喧哗，不要边吃边玩。盛到碗里的饭菜要全部吃完，不要剩饭。

**从正反两方面引导孩子**。在和谐的氛围中与孩子交谈，表明父母对礼貌行为的赞赏态度，以正面语言表达在以后类似的情境中希望孩子做到的是什么样子。同时，也要给孩子讲其他小朋友的讲礼貌或不文明的故事，以间接、隐喻的方式让孩子懂得道理。

**提供相应的书籍给孩子阅读，不要强求孩子迅速改变，只要有进步就应及时鼓励**。给孩子有关讲文明、懂礼仪的书籍，陪他一起诵读，帮助他慢慢进步。

## 切勿滥用物质奖励——培养孩子正确的金钱观

在许多家庭中常能见到这样的情形："如果你把垃圾倒了，爸爸就给你五块钱买好东西吃"，"如果你把这首诗背下来，我就带你去游乐园"……以上这些事例中父母的行为都可以被称为贿赂，他们是用金钱或物品贿赂孩子去做他们本来就应该做的事情。可是，长期利用金钱和物品来维持孩子的一些行为，不但不利于孩子养成良好的习惯，难以使孩子树立正确的人生观和价值观，而且对金钱的态度也容易发生偏差。"如果……那么……"的推导方式可能会导致孩子和父母讨价还价，有时还会不断抬高价码，交换所谓的

“好”行为。所以，父母要慎用物质奖励法，同时还要注意从小培养孩子正确的金钱观。那对学龄前的孩子，应该怎么培养他们的金钱观呢？

**让孩子在游戏中认识金钱**。银行家尼尔·高德佛瑞建议家长对幼儿进行游戏教育，让孩子从小认识钱币，了解找零钱。当孩子稍大一些后，可以带他去购物，并和他讨论所购物品的价格。

**拒绝孩子的不当要求**。几乎每个家长都会遇到这样的问题，带孩子购物时，如果不给孩子买他要的东西，他就会生气耍赖。为避免此类事情发生，父母最好在出门之前就和孩子讲好“条件”：只买一样东西。这样，孩子就会在整个购物过程中仔细考虑他要的东西。有时，对于孩子的过分要求，即使父母买得起，也应该对孩子说“不”。慢慢地，孩子就会知道，不是他们想要什么就有什么。

**培养孩子储蓄的习惯**。给孩子买一个储钱罐，鼓励孩子存钱的做法，并和他一起制订存钱的目标，比如为需要花很多钱的节日存钱，像“六一”儿童节等。

**教会孩子学会给予**。要让孩子知道不是每个人都有机会上幼儿园，都有温暖的家，都能穿漂亮的衣服。引导孩子去接近、去关心、去帮助在困难中的小伙伴。

**表扬奖励以精神奖励为主，物质奖励为辅**。物质奖励的作用是更大一些，但是，用多了，也就不起作用了；弄不好，还会助长孩子贪图物质享受的欲望和金钱至上的错误观念。物质奖励要和说服教育相结合，以便使孩子的好思想、好品德、好行为进一步升华，并逐渐增强其自觉性、持久性。

**要让孩子懂得还有许多比金钱更宝贵的东西**。身教重于言教。父母最好避免在孩子面前用非常羡慕的语气谈论金钱，比如某某又发了大财，某某又挣了多少钱。这样做只能增强孩子对金钱的仰慕之情，让他逐渐成为金钱的奴隶，对其健康成长极为不利。

## 家有家规——培养孩子规则意识

现在有些家长，尤其是一些年纪较轻的家长，受各种社会因素影响，缺少家规意识，在家庭生活中，明显缺少规矩的约束。这不但对于家庭建设不利，对孩子的成长也没有好处。制订好的家规，对培养孩子的规则意识，更好地适应社会都有非常有利的作用。对两三岁的孩子来说，学会遵守规则是件不容易的事。但在理解制订规则的原因后，他们也会乐意地遵守。如，如果红灯时过马路不停下来，会被车子撞，不洗手就吃饭会肚子疼……孩子明白了道理后就会遵守规则。制订好的家规并不是件容易的事，应该做到以下几点：

**家规的制订要适合孩子的年龄特点，不能成人化**。对于孩子，尤其是在学龄前和学龄初期，曾经订有“顺口溜”式的家规：“不动火，不动电。不串门，不出院。不在床上乱打闹，按时睡觉和吃饭。学写字，学画画儿。跳跳绳，搞锻炼。人人都夸好孩子，爸爸妈妈更喜欢。”不妨用笔抄好，贴在墙上，让孩子照着去做。这些家规虽不全面，但总的来说会促进孩子的健康成长。

**说明制订家规的原因**。如，督促孩子按时去睡觉，父母可以对孩子解释说，这样做今后他会长得越来越高，越来越壮实，为了快点儿长，现在应该睡觉了。讲道理应该简明易懂，讲多了孩子会搞混，反而起不到作用。

**要坚持执行家规制度**。如果父母今天责怪孩子在床上跳闹，明天又让他到自己床上去打滚儿，则会使孩子感到父母没有原则，从而难以养成遵守规则的好习惯。

**家规制订要具体清楚明了**。如“不要站在家具上”，这条家规就太笼统，因为家具的范围太广了，所以应该明确“不要站在桌子上”。

**家规制订要合理**。规则制订既不能高不可攀，也不能松得没有约束。要订在经过努力可以达到的“度”上。但请注意，对学龄前孩子来说，有些规则是无法达到的。

**要经常重复家规**。孩子很容易把规则忘掉，所以父母要经常提醒。家规条款不要太多，要具体指导孩子如何遵守规则。如“把玩具放到这个纸盒里”，越具体越好。

**要有落实家规的措施**。家规是约束家人行为的，是否能约束住，要有具体措施。比如，“落实文字，人人熟记；定期评价，表扬批评；父母示范，带头自检；互相监督，发扬民主；有人违规，适度惩罚。”记家庭日记、不断总结等都是可行的方法。

**要允许孩子偶尔破例**。有时是忘记了，有时是因专注于其他事而忽视了，致使孩子没有遵守家规，并不是有意不遵守；但也有存心不遵守的，这是孩子在试探父母的态度。不管怎样，父母应给予适当的原谅、理解及帮助，但一定要及时向孩子重申下不为例。如果孩子再犯相同的错误，就要采取必要的惩罚措施。

**父母以身作则**。父母在公共场合也要像在家里一样遵守规则，孩子就会以大人为榜样。因为很多时候，大人的行为比说话更有力。

俗话说“没有规矩，不成方圆”。成功的家庭教育必须以有效的家规来支撑，孩子的健康成长也要用家规来约束。如何把道理讲到位，如何让孩子养成良好的品德，使孩子遵守一些既定的规则，这对家长来说是一门需要不断学习的学问。



## 男孩还是女孩——如何对婴幼儿进行性教育

在孩子与父母沟通时，每每当孩子无意中问到有关“性”的话题时，比如“妈妈，我是怎么出来的”，父母要么避之如洪水猛兽，矢口不谈；要么支支吾吾，不知所云。因此，性教育问题成为父母与孩子沟通的重要难题，如何对婴幼儿进行性教育成为一个令父母头疼的事情。

**性教育的适合年龄是3岁**。3岁左右开始对孩子进行性卫生、性安全、性概念、性差别等方面的性教育是较为合适的。父母实施性教育要考虑孩子的接受能力，如果急于讲授太多的性知识，告诫孩子学会保护自己的隐私，有时也会增加三四岁孩子的困惑和心理压力。

**实施性教育要考虑孩子的发展程度**。有的孩子对性的觉醒较晚，有的孩子却比较早，但过早或过晚都对孩子的性意识发展不利。对于那些接受能力强、对性方面知识好奇、想要多了解知识的孩子来说，父母可以着重在幼儿期间多进行教育。

**正确引导孩子对男孩、女孩在生理上的差异的兴趣**。男孩和女孩对在生理上的差异感兴趣是性意识的启蒙状态，父母应该珍惜孩子的这种需求，认真地向孩子讲解男孩和女孩的不同。父母应该向孩子指出一些人类生理上的差异，如通过女性隆起的乳房、男人健壮结实的躯干来判断性别。甚至，父母可以教孩子根据裸体娃娃身上的生殖器官来进行判断。

**正确对待孩子的性游戏**。在一般情况下，如果孩子在涉及性方面的游戏中，没有出现强制性的行为和有害内容，那么父母就不要硬加干涉，让他顺着自己的兴趣去玩；反之则要及时制止并加以适当引导，顺势教育，明确告诉他什么是正确的，什么是错误的。可以简单地讲解男女性别的不同生理结构，让他懂得男女区别是生来就有的，男孩子女孩子要互相尊重和关心。

**个别交谈教育**。对孩子的异常举动，应该采取个别交谈教育，避免当众盘问。个别的指导与关怀，有助于父母与子女间的沟通和了解。

**注意实施性教育的语言选择**。语言的选择首要的是使用关爱、友善、温暖的话语。

**说实话，不要说瞎话**。对婴幼儿的性教育中，语言的定位非常关键。千万不能因为难以启齿，就以错误的知识去诱导他。

**在婴幼儿期，可以用代名词称呼生殖器**。其实人们常用一些代名词来为孩子指示生殖器的做法是无害的。像阴茎被叫作小鸡鸡、小雀雀、小铃铛……这是多少年来大家已经完全熟悉，并约定俗成的叫法，就像一个人的名字和乳名可以长期并存一样。在不同的场合，用不同的称呼是很正常的事情，不必在这样的问题上过于较真儿。像对于外生殖器的称呼，也有一些类似乳名的代称呼。这样还有一个好处，就是可以使孩子意识到，外生殖器与身体的其他部位有一点不同，就是在公众场合不能暴露。也许孩子已经观察到，自己穿开裆裤，成人不穿。每当孩子在许多客人在场时，嚷着要大小便，父母总是急切地、但却是温柔地将他抱离。父母那种略带羞涩的目光和行为，会使孩子明白，这是他与父母之间的“小秘密”。到了孩子 3 岁以后，告诉他生殖器的正确医学名称，这对学龄前的孩子来说十分必要。

**让孩子知道生殖系统和排泄系统的不同**。有时候父母对生殖器的混淆说法，会引起孩子严重的误解。小男孩对于区分阴茎和肛门基本没有问题；但是小女孩则由于肛门和生殖器的位置较接近，如果没有正确指导，常会以为排泄与生殖器有关，进而错误认为她的整个外阴部都是“脏”的或不卫生的。所以，每位小女孩都该掌握自己阴道开口介于尿道与肛门开口之间的正确常识。这种认知相当重要，因为在培养如厕卫生习惯上，她必须学会并养成在上完厕所后由前往后擦拭的正确做法，以使排泄物远离阴道开口。

**给孩子买一些生理健康方面的书籍**。最好是配有正确插图的书，可以对照图片给孩子讲述，以提高认知度和生动性。

# 第二章　好习惯和好孩子

## ——不可忽略的种种“细节”

父母是孩子最重要的启蒙老师，父母的第一责任就是教育孩子，而教育孩子的首要任务就是培养孩子的好习惯。

## 习惯成自然——好习惯让孩子一生受益

在日常生活中经常听到一些父母说：“你看×××家，也没见他们俩费多大的气力，他们的孩子怎么教育得那么出色？”实际上，这些父母往往只看到了结果，而没有关注过程。孩子之所以表现出色，是得益于父母抓住了教育的最佳时期，注意从小培养孩子的好习惯。

如何培养孩子的好习惯，首先要把握住教育孩子的关键时期。著名教育家陈鹤琴在《家庭教育自序》中说：“我们知道幼稚期（自生至七岁）是人生最重要的一个时期，什么习惯、言语、技能、思想、态度、情绪都要在此时期打下一个基础。若基础打得不稳固，那健全的人格就不容易建造了。”一个孩子的心理状态和性格，在他 3 岁到 5 岁的时候就已经决定了。所以，婴幼儿时期是习惯养成的关键时期。

年龄小的孩子，具有很强的可塑性，比较听话，容易训练，因而培养各种良好习惯最容易见效。因此，这个时期如果引导得法，让孩子养成良好的习惯，以后只要顺其自然，他就可能成为社会的优良分子；假若这个时期没有教育好，那么，以后再进行矫正就困难了。

研究表明，幼儿期（3 ~ 6 岁）是孩子行为习惯养成的重要时期。现代心理学的研究已经探明了人的某些具体素质和能力发展的关键期。比如，3 ~ 5 岁是孩子语言发展的关键期，也是音乐才能发展的关键期；3 ~ 7 岁是孩子动作思维发展的关键期，等等。因此，在习惯的教育培养中，父母应该遵循儿童身心发展的这些规律和特点，把握住孩子素质和能力发展的关键期，通过教育和训练帮助孩子养成相应的良好习惯，为孩子的终身发展奠定基础。

**培养孩子的好习惯，关键在于了解孩子**。任何教育的实施都应以了解教育对象为前提。作为成熟的父母，应当善于与孩子沟通，知道孩子在想什么、干什么。当孩子做出一些成人难以理解的事情后，父母不应当即质问或训斥，而是平心静气地从孩子的角度思考一下：孩子为什么要这么做？经过这样的思考，父母也许就能够了解孩子，就能慢慢地帮助孩子养成良好的习惯。

**要把握习惯养成的规律**。习惯的培养有其固有的特点，只有掌握习惯形成的规律，才能帮助孩子培养好习惯，纠正不良习惯。例如，习惯的养成往往是从第一次开始的，父母作为孩子的第一任老师，应重视并抓住每一个“第一次”的教育时机，第一次和家人在外边吃饭、第一次参加社会活动……这都是养成良好习惯的开端。

**习惯的培养要有强化措施**。在好习惯的培养与不良习惯的纠正上，父母需要遵循强化/消失定律。对好习惯要强化，不良习惯则采用相反的对待方式。这样一来，要鼓励孩子保持好习惯，纠正不良习惯，就容易多了。比如，父母如果在处理孩子的事情上奖惩分明，关注孩子正确的行为，使之强化；纠正孩子的不良习惯，使之逐渐消失，孩子好习惯的培养一定会变得更为容易。

**掌握强化/消失定律的关键就是要奖惩分明**。如果孩子做错了事情，而且事先已告诉他要对自己的行为负责任，那么父母绝对不可以姑息迁就。如果父母无法在孩子面前建立威信，孩子也无法养成好的习惯。同时，如果孩子的行为值得表扬，父母也绝对不要吝啬，也许只需要说句表扬的话而已，但对孩子来说，那将是他们继续前进的动力。对好行为、好习惯进行奖赏，进行强化，对错误的行为、不良习惯进行惩罚，让它消失是强化/消失定律的核心。只有赏罚分明，强化/消失定律才能真正发挥作用，才有助于孩子形成良好的行为习惯。

## 好习惯、好身体——健康从习惯开始



健康的身体是孩子成长的基础。健康一般被认作是身体、心理和社会适应的健全状态。对于学龄前儿童来说，首要的就是身体的健康。

要让孩子保持一个好身体，父母的首要任务就是对孩子进行个人卫生教育，特别是要从小培养孩子良好的个人卫生习惯，以维护和增进孩子的肌体健康，预防疾病的产生。

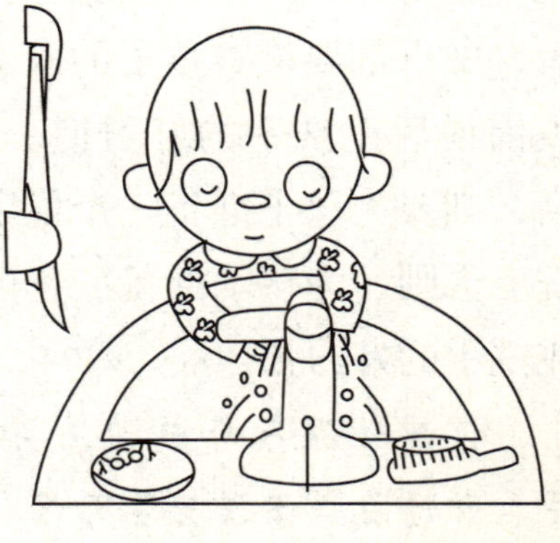

培养孩子自己洗手、洗脸、早晚刷牙、穿脱衣服鞋袜、吃饭、整理玩具与用具等生活自理能力和习惯。请不要小看培养孩子的洗手习惯，其中还有很大的学问。一般来说，养成洗手的习惯应从孩子 1 岁半开始。但是，这种年龄段的孩子尚无法自己洗手。所以大人必须要握着孩子的手，用毛巾反复地擦洗，才能慢慢地培养孩子自己练习洗手的习惯。有时，孩子会洗着洗着便玩起水来，享受玩水的乐趣，父母此时无须太追究或是进而责骂孩子。然而，要让孩子明白洗手和玩水并不一样，是一件重要的事。这时候可以用孩子喜爱的点心来转移他的注意力，从而停止玩水的动作。慢慢地，孩子在两岁半左右就可以养成自己洗手的好习惯了。

但是，再看看孩子的洗手方法，即使是 3 岁的小孩儿，大都只是用水冲一冲，基本上都洗不干净。对于孩子不容易注意到的肮脏的部位，父母可用湿毛巾替他擦拭，再让孩子看看毛巾上的污黑，以便提醒他。父母不仅要留意孩子有没有洗手，最好还要和他一起洗，做示范给他看，并反复告诉他不仅是手掌，连指甲和指尖也要仔细清洗，还要抹上肥皂，彻底清洗干净。最重要的是，在吃东西之前、上厕所后，父母都要检查孩子的双手，适时鼓励，帮助他逐渐养成饭前便后勤洗手的好习惯。洗手池的高度如超过孩子的身高，则要为孩子准备一个稳定性较佳的凳子，方便他站高清洗。再则，为孩子准备一条可爱的专用毛巾，也可吸引他养成洗手的好习惯。

**还要让孩子养成勤洗头、勤洗澡和勤换衣服、勤剪指甲、勤理发等清洁卫生习惯。**要引导孩子学会使用自己专用的手帕、面巾和浴巾或一次性使用的卫生纸巾，特别是咳嗽、打喷嚏时，要用手帕、纸巾捂住口鼻，不冲向别人。

**要训练孩子按时睡眠、定时定量饮食以及大小便等有规律的生活习惯，使其一日生活有规律性。**吃饭不能挑食，要多吃瓜果蔬菜，少吃零食。

**要教育孩子不用手抠耳、抠鼻、揉眼，也不要将手指、蜡笔、铅笔等放入口中**。父母应时刻提醒孩子保持正确的坐姿、立姿、行姿；注意用眼卫生，并保持书籍、文具和玩具的整洁；不随地吐痰、随地大小便、随手乱扔垃圾，保持环境整洁。

**要让孩子养成锻炼身体的习惯**。运动是健康必不可少的前提。培养孩子对体育运动的兴趣是十分重要的，至少要让他有一项自己喜欢的运动。当然这不是强迫孩子一定要喜欢某一项运动，最好是让孩子在参与某项运动后自己感到喜欢才好。由于这种爱好是为了有利于强壮孩子的体魄，而不是要他掌握一技之长，所以父母没有必要过于苛求孩子到底选了哪一项运动。另外，父母还要创造条件，因陋就简，量力而行，掌握科学的运动方法，指导孩子锻炼身体。这里特别要提醒父母注意的是，要让孩子经常到户外活动，接受外界环境变化的锻炼，以保持肌体对环境的适应，提高身体的耐力；但不要强硬地规定，应顺乎孩子的天性，同时注意孩子的主动性和积极性。



## 让孩子吃好饭——培养孩子科学的饮食习惯

学龄前的孩子无时无刻不为周围的万事万物所吸引，总要设法去看个究竟，他们似乎太忙了，以致难以抽出时间来吃东西。做父母的却与生俱来有一种本能，就是要孩子吃饭。所以，让孩子吃好饭成了父母每天的头等大事。常常在电视广告上看到宝宝不爱吃饭、妈妈愁眉苦脸的镜头，似乎都在暗示让宝宝吃好饭成了难倒许多父母的难题。从小培养孩子科学的饮食习惯，就能使这个难题迎刃而解。

3 岁以前是培养孩子良好习惯的重要时期，正确的饮食习惯也是在这个阶段形成的。

**两三岁的孩子每日应该有四餐**。除了早中晚三餐外，午睡后下午 3 点左右可以加一次午点，每两餐中间都要注意安排喝水和提醒孩子排尿，要养成他固定位置吃饭，不挑食、不偏食、不暴食、不贪吃零食等好习惯。

**要给孩子订立进餐规矩**。要想孩子身体好，必须从小就养成良好的饮食习惯，给他订立进餐规矩。

**要养成孩子自食的习惯**。父母从孩子几个月大让他抱着奶瓶吃奶，过渡到 1 岁拿杯子喝水，再到 1 岁以后就让他开始学习自己拿勺吃饭。自食能引起孩子极大的兴趣，是对食欲的强烈刺激。开始时父母可以拿勺喂，慢慢地孩子能自己吃喝，两岁半以后孩子完全可以自己吃饱。

**一定要安排孩子坐在一个固定的位置吃饭**。告诉孩子吃饭时不能跑来跑去，也不能边吃边玩，否则进餐时间过长会影响消化吸收。如果在饭桌上与大人一起吃，不要让他成为全桌人注意的中心。大家都吃得很香也会感染孩子，增加他的食欲。

**少吃零食**。特别在饭前一小时绝对不能吃，因为零食营养价值低，还会影响孩子的食欲。有些孩子只吃零食不好好吃饭，结果造成营养缺乏。

**不许挑食，也不能偏食**。如果孩子强调不爱吃什么东西，父母要给他讲清道理或讲有关的童话故事（自己编的也可以），让他明白吃的好处和不吃的坏处，但千万不要呵斥和强迫。父母也最好不要在饭桌上谈论自己不爱吃的菜，这对孩子有很大的暗示作用。

**不要暴食**。遇到好吃的东西也要适量地吃，特别是对食欲好的孩子要有一定限制，否则会导致胃肠道疾病或者“吃伤了”，以后再也不吃。

**保持适度的饥饿感**。让孩子保持适度的饥饿感，可有助他产生积极的食欲。

**保持安静，专心进食**。吃饭时候不说笑，不嬉戏打闹，不“吧嗒吧嗒”出声，闭住嘴唇咀嚼，不含着食物说话或走动。

**保持饮食的整洁卫生**。注意饭前洗手、饭后漱口、擦嘴。不剩饭剩菜，洒了饭、菜、汤，要在大人帮助下，知道并学会初步擦拭干净。

**教育孩子不捡地上的脏东西放到嘴里吃或咀嚼**。

## 孩子不肯上床睡觉怎么办
### ——培养孩子良好的作息习惯

精力充沛又好动的学龄前儿童大多不喜欢上床睡觉，不管午睡也好，晚上就寝也好，总是能拖一会儿就拖一会儿；或是常常把就寝时间弄得鸡犬不宁——被父母逼着撵着，哭哭啼啼，要求再讲一个故事，再读一本故事书……对付这种情况，父母必须把握住原则，坚持规定好的就寝时间。不过，要给孩子一点儿缓冲时间，使他能逐渐熄掉体内的“马达”。常用的方法有：

**订立合理的上床时间，但要保持一定的弹性**。当孩子渐渐长大，每天的活动量或性质有所变动时，不妨弹性调整孩子上床的时间。例如，遇到暑假、星期六或特殊日子，如果仍硬性规定孩子准时上床，或许太不近人情了。所以不妨平时先想好，有哪些情况可以弹性调整孩子的上床时间。

**维持一致的时间表**。父母应先观察孩子的生活习惯，确定他所需要的睡眠时间。比如：午睡时需要多少时间？9点就寝会睡到何时？7点就寝又睡到何时？然后再订立适合他的作息时间表。

**睡前的活动安排要有规律性和一致性**。孩子对预知的情况比较有安全感，容易接受。所以除了特殊情况或节日，应尽量维持睡前活动的规律性和一致性。例如，固定几点开始洗澡、换睡衣、享受睡前活动时间，几点上床。

**安排睡前交谈**。在午睡或一天结束之前养成与孩子谈谈话、背诵儿歌，或讲讲故事的习惯，使睡前时光成为一种亲密的情感交流，成为孩子所盼望着到来的美好时刻。即使只是一种单向的谈话也是有益处的。

**睡前陪孩子玩一会儿**。这样可避免孩子为了引起父母的注意而故意不听话。同时注意活动不可剧烈。

**注意先后顺序**。学龄前的孩子喜欢做事情有一定的顺序，像刷牙、洗澡、换睡衣等事，每天都按照一定的顺序做，要他自己宣布下一步要做什么了。如此，上床准备很可能成为一种游戏。

**能遵守规定就有奖**。在孩子醒来后，父母可告诉他按规定行事带来的好处：“昨晚上床动作那么快，我今天早晨做了你爱吃的……”或“因为你昨晚表现那么乖，现在我要念个好听的故事给你听呢。”

**不要让孩子掌控时间**。就寝时间一经决定，就要遵守，孩子抗议没用，想办法拖延也不行。要知道，孩子不肯上床睡觉只不过是因为还没玩够。可是，如果他不按时睡觉，明天精神就会不好。因此，不要看到孩子哭，父母心就软了。

**不要威胁和打骂，也不要指责孩子前一天晚上的不好行为**。用威胁和打骂逼孩子入睡，只会使他做噩梦，产生恐惧感。同时，也会使父母烦恼，产生罪恶感。此外，睡前责骂或处罚孩子会引起他的负面的情绪，进而影响睡眠，无法帮助孩子安静入睡。

**不要看太多的电视节目**。可以鼓励孩子从事其他活动，例如骑脚踏车、做操等活动，既可以增进孩子的体能，又能帮助他入睡。

**使孩子养成常做运动的习惯**。运动累了自然需要睡眠，孩子的身体自然会提醒他该休息了。

**不要让孩子午睡时间太长**。让孩子午觉一直睡到天黑，还希望他按照规定的就寝时间上床，这当然是不可能的事。因此，午觉结束时间一到就要把他叫醒，使睡觉的时间与活动的时间形成合理的分配。

## 如何杜绝孩子乱扔东西

### ——培养孩子管理自己物品的习惯

妈妈时常会为这样的事感到烦恼：客厅和卧室里都是一片狼藉，玩具、图书扔得满地都是。三四岁的小家伙总是喜欢乱扔东西，刚收拾好的屋子，转眼就被淘气的宝宝给破坏了。真是让人沮丧！不爱惜图书和玩具，随意乱扔东西，这些不良习惯看似微不足道，殊不知却往往会影响孩子健康人格的形成。据心理学家研究发现，孩子乱扔东西的主要原因是缺少计划性，缺少对事情的统筹安排。周密的计划性对孩子的学习及将来成人处事都非常重要。有计划性的孩子在逻辑性强的学科，比如数学就相对要比没有计划性的孩子掌握得快且好，可见从小纠正孩子不乱扔东西的做法是多么重要。

从孩子能够走路，有一定的抓握能力开始就可以训练孩子自己整理自己的东西了。首先可以告诉孩子，书、玩具是你自己的东西，你就是这些东西的“指挥官”，你应当把它们放在规定的地方，让它们听你指挥，这样你要看书、玩玩具拿起来也就比较方便。你如果当好了这个“指挥官”，说明你有本领，爸爸妈妈就可以再给你买新的书和玩具。可是如果你连现在这些“兵”都管不住，还要别人帮忙，说明你太没有本领了，当然爸爸妈妈就不再给你添新的书和玩具。父母说明要求后，就应当奖罚分明，说到做到，绝不要因为孩子不肯收拾好，再一哭一闹，就放松了要求。

**要使孩子对收拾东西感兴趣**。可以用做游戏的方式教孩子把东西收好。父母最头疼的可能是孩子脱下的衣服乱扔，对此，父母可以有针对性地教孩子如何叠衣服，并将他的衣服固定放在某个抽屉里。

**及时表扬**。当孩子第一次无意识地帮助父母收拾玩具或衣物时，父母要抓住机会及时表扬，使他知道这个行动是多么的了不起。

**为孩子示范一半，另一半留给孩子做**。收拾东西需要把握好事物之间的空间、时间关系，父母可以示范其中的关键环节，以便孩子模仿，其他环节则鼓励孩子自己动脑筋尝试。不要责怪他想得慢，应给孩子一定时间让他动脑筋和尝试。

**为孩子的收拾行动提供方便**。多准备一些让孩子够得着的衣钩、衣柜，把他常用的东西放在容易取到的地方。

**对孩子的要求要具体**。针对孩子收拾过程中的不当，批评时要就事论事，具体告诉孩子应该怎么做，而不要过多地责怪。否则，孩子的积极性受到挫伤，就会对改正不良习惯失去信心。

**适当处罚**。如果父母的鼓励办法不管用，也可以使用惩罚纠正的技术。如要求孩子仔细检查屋子里的每个角落，看是否将东西都收拾好了，一天不妨检查若干遍，这样孩子感到乏味后，就会意识到当初不乱扔东西就好了。

## 看电视有害吗——让孩子养成看电视的好习惯

电视在家庭教育中产生的问题一直是老生常谈的话题。像很多事情一样，看电视本身没有害处，论好坏则要和一定的条件联系起来。

毫无疑问，无限制地看电视肯定是有害的。因为它一方面占用了人们的时间，另一方面单纯地看电视是最消极的接受刺激的方式，它还有损视力、妨碍独立性的发展。另外，看电视时不需要动什么脑子，肌肉更得不到锻炼。因此，看电视不是真正的放松，真正的放松是要变换方式的。长时间的消极刺激会让人产生烦躁情绪，所以赞成孩子看电视的父母要特别注意。

客观地说，孩子紧盯电视屏幕不放的坏毛病，是长时间以来呆板的生活模式所造成的结果，绝对不是用口头禁止、威胁就能把这个不良习惯扭转过来的，通常要运用“转移注意力”的方法来终止孩子对电视的依赖性，并以“提高兴趣”的策略让孩子更多接触其他活动。只有当孩子感受到还有比看电视更有趣的事情时，才有可能将专注于电视屏幕的眼光移开。

以下几方面有助于父母帮助孩子养成良好的看电视习惯：

**限制看电视的时间。**父母应不要犹豫地限制孩子看电视的时间。孩子每天可以在电视机前坐多久呢？研究发现：学龄前儿童每天可以看半小时的电视节目，随着年龄的增大，看电视的时间可以适当增加，但是也不能增加得过多。

**每天将电视在家庭中的影响作用减低到最低程度**。最好做到在进餐时间关掉电视。记住，在家里，父母与子女之间的交谈是第一位的。因此，也不要把电视机放在独立的卧室里，这同样会减少家庭成员间交流的机会。

**事先制订观看计划**。像看电影那样看电视。电视节目表可以帮助父母和孩子有选择地看电视。找出那些适合全家一起观看的电视节目，同时可以增进父母与孩子的交流。

**以“看电视”作为行为奖励**。优良的电视节目可以带来欢乐及提供知识，若把看电视作为对孩子的一种奖励，不仅能满足他收看电视的欲望，更能引导他养成好的行为习惯。如此一来，孩子看电视就不再成为父母的“眼中钉”了。

**提供电视的替代物**。经常鼓励孩子进行户内户外的活动：旅游、游戏、运动、发展爱好、阅读，以及做家务。每周都为某项家庭活动留出时间。只要父母肯花心思去安排，绝对能有效转移孩子对电视的迷恋。

**抵制广告的压力**。不要忽略广告对孩子的影响。各种快餐、糖果、玩具的广告对孩子都有很大的吸引力和影响。要帮助孩子养成健康的饮食习惯，成为理智的消费者。

**身体力行**。如果父母自己都做不到，就不要期望孩子在看电视方面能自我有所约束。努力成为孩子的榜样，这意味着父母必须把更多的业余时间用于阅读、锻炼、与孩子交谈、烹饪，或从事其他活动上，而不是窝在沙发上看电视。

只要父母适当控制孩子看电视的时间和内容，引导孩子正确地利用电视，也就能从电视节目中获得最大的益处。

## 手指不是棒棒糖

### ——如何帮助孩子改掉吮手指的坏习惯

妈妈时常会发现幼小的宝宝喜欢啃吃自己的手指，就好像手指上粘着蜜糖似的。有时严重的手指甲都被啃变形，手指长出厚厚的肉垫。父母虽然想了好多办法，但往往难以奏效，真是愁煞父母啊！

其实孩子吮手指往往是一种自慰行为，并会逐渐变成一种不好的习惯。吮手指在清晨或睡眠时都可发生，往往在孩子焦虑、紧张时表现更为明显。严重者可以导致指甲变形，甚至溃烂感染，同时影响孩子的牙床、牙齿的良好发育。有些父母往往会采用强迫、威胁的方式加以阻止，或在孩子的手指上涂辣椒油、胡椒粉等，寄希望引起孩子的不良体验从而纠正吮手的习惯，但效果往往不佳。

顽固性手指吮咬往往较难纠正，一般可以用下面的方法纠正：

**妈妈要尽可能用母乳喂养婴儿，让他充分享受吮吸的快乐。**如果按计划断奶，要及时添加辅食和配方奶，逐渐过渡，让孩子有一个适应过程。切忌突然断奶，让孩子感到焦虑和缺乏安全感。

**父母要多搂抱、多陪伴孩子**。父母要细心分辨孩子的各种要求，满足他的各种需要。有条件的妈妈可以为孩子做抚触按摩，睡前给他讲轻松愉快的故事、读朗朗上口的儿歌，帮助孩子愉快地入睡，使他时时感到安全、幸福、满足。

**尽量缩短入睡时间**。在孩子没有睡意的时候不要强行要求上床哄睡，可增加活动的强度，使孩子达到一定的疲劳程度再上床。妈妈可在床边给孩子讲他喜欢听的故事，同时在孩子想要吮手时，通过转移注意力和动作控制模式，令孩子无法吮手。因为疲倦，孩子很快转入睡眠，这样连续一到两周就能够达到一定效果。

**寻找合适的替代物**。发现孩子吮手时，妈妈可以给他一块磨牙饼干，或来个安慰奶嘴、磨牙棒替换一下他的小手。但需注意经常要给安慰奶嘴和磨牙棒消毒。

**良好的成长环境**。妈妈爸爸最好为孩子营造一个温暖、舒适、稳定、宽松的成长氛围，让他快乐成长。

**丰富孩子的活动**。妈妈爸爸可以让孩子多和小伙伴一起玩耍，鼓励他广交朋友，多接触外面的新鲜世界。为孩子安排丰富多彩的活动，尽量不让他一个人闲着，他也就想不起来吮手了。

**咨询医生**。如果孩子满 4 岁了还在吮手，妈妈爸爸就应当带着他一起去咨询医生，和医生一起分析孩子吮咬手指的原因，并针对不同原因进行纠正。轻微症状爸爸妈妈可在医生的指导下，实施满足孩子情感需要等措施，情况较严重再决定是否采用行为矫治方法。

## 妈妈，别走——孩子黏人怎么办

“妈妈，别走!”当妈妈正手忙脚乱地收拾着，准备赶去上班或者出门时，原本安静听话的宝宝会突然勾着妈妈的脖子，紧紧搂住妈妈，哭闹着不让妈妈离开，任何其他家人都替代不了妈妈。相信这样的一幕也许很多妈妈都遇到过。可能妈妈也会觉得很奇怪，原本可以独自玩耍的宝宝为什么会突然变得“黏人”起来呢?

**孩子缠人是一种满足需求的正常表现**。孩子“黏人”的情况大多出现在孩子半岁到两岁之间。许多研究证实：婴幼儿阶段依恋关系 (幼儿与照顾者间的亲密关系) 的满足，是孩子对他人产生信任感的基础，也是建立安全感的关键所在。在这期间，妈妈很有必要为孩子调整个人的作息制度，或是改变家事处理的步骤，尽量多陪伴孩子，鼓励孩子玩玩具和进行肢体活动，或是为孩子讲讲故事、唱唱儿歌，让孩子的注意力转移到其他事物上。这样一来，不难发现，孩子在充满安全感的环境中，能放心地去探索环境中的其他事物，缠人、要人抱的问题就会随着成长而逐渐消失。

**另一个使得不同年龄的孩子出现“黏人”情形的原因就是生病**。孩子不舒服的时候，十分需要一个熟悉的、能够安慰自己的亲人在身边。当他看到妈妈正准备离开，并要把自己交给保姆或者其他人时，就会变得很焦虑，由此开始哭泣并紧紧地黏着妈妈。

面对黏人宝宝可以送给妈妈如下具体做法：

当孩子到了 8 个月大，进入“黏人”期时，保证他与除妈妈之外的其他家人、朋友有更多相处机会。

在妈妈要离开之前，可以叫上保姆一起与孩子玩耍，帮助他适应与新看护者玩耍，并对妈妈很快能回到自己身边充满信心。

如果孩子对妈妈的离开表现出沮丧，妈妈可以在临走前亲吻并拥抱他。但注意亲昵时间不要太长，否则会增加妈妈和孩子之间的依恋。

妈妈要知道，其实孩子很容易分散注意力，尤其是有亲近的保姆与喜爱他的亲戚在他身边时。相信孩子很快就能与他们一起快乐地玩耍，也许就是在自己跨出门槛的那一刻。

为孩子准备一个他喜欢的柔软玩具或者一个可爱的小枕头，这些东西能给他带来舒适的感觉。

如果孩子总是因为离别而哭闹，妈妈可以向其他有经验的母亲征求面对这种状况的解决方法。

妈妈最好不要在孩子面前对别人说这样的话：“没有宝宝我哪儿都不去。”殊不知，这些话带给孩子的信息就是：“黏人”的行为是被鼓励的。

带着孩子和许多陌生人相处的时候，妈妈表现出的合群、健谈，能为孩子树立一个在陌生人面前自信表现的榜样。

妈妈离开孩子之前，要和他说“再见”，给他一个自己将要离开的预告。同时最好向孩子说明自己何时回来，并告诉他在妈妈离开后能做些什么。

要从根本上解决孩子“黏人”的问题，则要注意对孩子进行个性的培养。“黏人”说明孩子缺乏自立精神，情绪不稳定。改变这种个性的根本出路是不要过分保护孩子，要培养孩子的自立能力，多让孩子自己拿主意，并尽可能地尊重孩子的选择。可以多带孩子去公园、公共场合等人多的地方，引导孩子尽可能多地接触自然和社会中的各种事物，启发孩子通过自己的感官去多看、多听、多做、多说。这样，孩子就会发现很多有趣的东西。另外，父母也可带孩子参加多元智能集体游戏课程或培训课程，让孩子在游戏中克服这种不良行为，帮助孩子在集体活动中逐渐形成责任感、义务感、荣誉感，培养孩子的自信心和独立生活的能力，这样慢慢地孩子就不会再“黏人”了。

## 言行不一的两面派的宝宝
### ——孩子家园表现不一致怎么办

经常听到有些父母说，孩子在幼儿园里表现得可好了，喜欢帮助小朋友，还经常受到老师的夸奖；可不知为什么，回到家里就成了小霸王，非常任性不讲理。为什么会这样呢？孩子上幼儿园之后，从父母身边来到老师身边，从个人小王国来到小朋友中间，一切都在悄悄地发生改变。上幼儿园是孩子第一次以个人身份参与的社会活动，并以个人能力处理周围的事务和人际关系。孩子在适应幼儿园生活的过程中，可能会建立一套与在家里完全不同的处事方法，这是很正常的。

那么，为什么孩子在家里和幼儿园里会表现得很不一样呢？

**一是孩子自身的原因**。孩子在幼儿园表现好，那是因为他已经有了一定的荣誉感，希望好好表现得到老师和小伙伴的夸奖。回到家里，回到熟悉、疼爱自己的父母身边，就像笼中的老虎被放归大自然，孩子就会自由地、不受控制地表现自己。

**另一方面是父母的教育方法不当**。特别是有些家庭中父母与祖父母教养意见不一致，孩子很容易养成骄横、自私的性格。

那么如何应对这样的局面呢?

**首先要理性对待孩子的这种表现**。俗话说："没有规矩不成方圆。"幼儿园是一个小集体，相对来说日常规矩也多一些。小朋友憋了一天，回到家里适当放松一下，在沙发上跳上跳下，发发小脾气都是很正常的。对孩子来说，发泄出来就好了，父母不用大惊小怪。但是，父母也不能无限度满足孩子的要求，不要以为孩子在幼儿园里受到一些约束就是受了很大的委屈，回家以后容忍孩子随心所欲，把他在幼儿园建立起的规矩破坏殆尽。家庭教育和幼儿园教育脱节，最容易让孩子养成两面派的性格。

**家庭内部教育态度要协调一致**。不同的人在教育孩子方面有自己不同的见解，却也容易造成家庭教育方式的无序和混乱。有些聪明的孩子会利用这种空子来达到自己的目的。如果不想培养出一个任性、不听管束的孩子，年轻的父母首先要让家庭成员意见协调一致，不要让孩子的祖父母、外祖父母过分溺爱孩子，或者干涉父母对孩子的教育。虽然要做到这一点很难，但本着为孩子着想的态度，多费点儿心思，多加沟通，相信老人也能谅解。

**多与老师沟通**。上幼儿园的孩子最期待得到老师的认可，老师是他们心目中的最高权威。如果父母对孩子说："你不听话，我告诉老师去。"孩子立刻就会变得很乖。父母不妨利用孩子的这个心理特点，经常与老师沟通。如果孩子在家里表现良好，就请老师在小朋友面前表扬他。在这种无形的监督下，孩子在家里也会以在幼儿园里的标准要求自己，由此很快就能改正家园表现不一致的问题。

**多邀请小朋友到家里玩**。如果孩子具有良好的人际交往能力，他就会在幼儿园里过得很高兴。可孩子在家里习惯了一个人，在幼儿园里可能就会不知道怎样跟小朋友相处，一旦不合群，就容易产生畏惧上幼儿园的心理，希望待在家里。所以父母不妨多请幼儿园的小朋友到家里玩，一方面让孩子尽快融入集体生活中，另一方面也让孩子学会和别人分享自己的东西，并从中感受到快乐。

**让孩子做家庭与幼儿园的桥梁**。孩子回家后让他多讲讲幼儿园里发生的奇闻趣事，讲讲自己在幼儿园的表现。对好的表现要及时表扬和鼓励。

**做比较**。让孩子自己将在家和幼儿园的表现做比较，说说哪些表现好，哪些做法要改正。

## 小皇帝的脾气

### ——怎样矫正孩子的撒泼行为

在现代家庭中，绝大多数只有一个孩子，他们享受着过去的孩子所享受不到的良好生活条件。尤其是一些家庭过分的溺爱和迁就，更使这些小宝贝儿不同程度地滋生了娇气任性、好发脾气的坏毛病，更严重者还有撒泼、无理取闹的行为。对于这些不良行为，必须及时矫正，以确保孩子的健康发展。

矫正不良行为的根本措施就是要彻底改变父母过分溺爱孩子的态度，消除孩子自认为是“小太阳”、“小皇帝”的优越感。如果孩子已经形成了骄横、撒泼的习惯，并且通过一般的说服教育已不能见效时，请父母们不妨按下列方法试试。

**巧用忽视法**。当孩子撒泼时，父母暂且不要理睬他，也不要流露出迁就或怜悯的表情，更不要站在旁边说一些赌气的话：“还哭， 看你能哭多久……”此刻的父母可适当收掉一些孩子撒泼时可能碰坏的或故意摔坏的东西，然后关上门离开，让他自己“表演”。

**要注意教育的一致性**。此时切莫让他人（如爷爷奶奶、姥爷姥姥）去哄孩子、护着孩子，更不能当着孩子的面责备惹孩子撒泼的大人。如果这样做，就会强化孩子的不良行为，使孩子觉得自己有“后台”和“靠山”，以后还可以故技重演，并且越演越烈。

**父母要有点儿“狠心”**。不能半道易辙，成为孩子泪水的俘虏，向孩子检讨求和：“是妈妈不好，宝贝儿不要哭了，一切都是妈妈不好。”其实，细心的父母只要留意观察一下就可以发现，此时孩子的哭闹撒泼具有鲜明的表演性。如果父母不理他，任由他去哭闹，过不了多久，当孩子透过泪花发现身边没人时，也就会很快地停止表演；但是，如果父母马上出现在他面前，或听到附近有人走动、说话时，他往往又会很快进入“角色”，大哭大闹起来。

**给孩子讲道理**。在撒泼表演结束后，孩子不再打滚儿时，父母可以给孩子讲些好孩子不应该这么做和应该怎样做的道理。要让孩子感到父母并不是不喜欢自己，而是不喜欢自己撒泼。这样，也有助于防止孩子产生情感错觉，把父母看成凶狠的人。

**赞美**。当孩子有自我控制的表现时，要多称赞他，鼓励他有继续保持的信心和勇气，例如：“我发现你这次控制得不错，真的很棒！”

**教导孩子如何宣泄怨气**。孩子任性撒泼往往是因心中有怨气，进而产生的一种过激的情绪表达，所以要教会孩子如何“泄气”。比如，生气时可以对自己说：“慢慢来，不要生气，不能哭……”一直重复，直到自己能感觉这些话的意义。此外，趴在地上，缩起四肢，拱起背像一只乌龟或一个球，也可以帮助孩子感受控制自己身体的力量，间接平抚他的情绪。通常，情绪的发泄是因为某些想法挑起的。因此，父母不妨问问孩子：“你生气前或是当时是怎么想的？”帮助他理清情绪，调整想法，认识到下次如何避免同样的困境。

**注意不要“翻旧账”**。当孩子平静下来以后，不要再去指责他耍赖时的言行，可以谈谈下次可以怎么做。更不要怒责孩子，因为在怒气下惩罚孩子往往过于严苛，容易使用体罚或滥骂，徒增孩子的怨气，而且于教育无任何帮助。

对于爱撒泼的孩子，父母只要认真地、坚持不懈地按照上述方法去做，让孩子感到自己那一套方法既费力又不管用时，就不愁他们不改掉这坏习惯了。

## 孩子打架了——如何处理孩子的打架事件

自打田田和小朋友接触那天起，他的父母就不停地接到其他小朋友父母的告状。每次田田都让父母大为光火，更少不了一顿严厉的教训。但田田对其他小朋友的攻击行为依然不改。面对惹是生非的儿子，父母伤透了脑筋。

可能很多父母也碰到过相似的遭遇，如何面对孩子打架这个棘手的问题呢？

**首先要理智面对孩子打架这件事**。孩子打架是不是完全只有百害而无一利呢？日本驹泽女子短期大学教授、爱珠幼儿园副园长天野珠子的回答是“否”！她解释说，“简单说来，孩子在打架中学会了社会知识。如在幼儿园中，夺取别人玩具供自己玩的孩子也会做稍许自我反省后，会将东西归还原主。”教育学博士高野清纯也认为“打架对于培养自尊心，最能发挥作用”。因为彼此对打，双方都痛。由自己的痛就会想到对方一定也很痛，从而产生自尊心。并且，逐渐可以认识到，通过暴力是什么问题也解决不了的。所以，遇上孩子打架，父母也不必太过惊慌。

**其次在处理孩子打架问题时，要视不同年龄阶段，具体情况具体处理**。两三岁孩子之间的打架，基本上是由于夺取玩具和玩具被别人夺取的简单原因所致。孩子在3岁前，不明道理。如果任其所为，就会没有限度，出现用手里拿着的东西打人的危险。在这种情况下，大人不能仅仅说声“住手”，最明智的办法是把孩子的注意力转移到他感兴趣的其他对象身上。

孩子在3岁时，打起架来是很凶猛的。但是如果哪一方被打哭了，孩子的兴趣马上就会转移到别处，“战斗”也就结束了。从这一点上来看，3岁的孩子是最容易出危险的了。为了避免这种情况的发生，加强看管是至关重要的。在力气差异较大的打架事件中，大人要适当干预，并给以仲裁。

当然，父母可以通过以下的方法来教育孩子，适当干预他们的打架行为。

**适度惩罚打人行为**。父母减少孩子攻击行为的一个有效方法就是惩罚。可以打他的屁股、呵斥他、剥夺他的某项权利或让他感到自己犯了错。但问题并非这么简单。研究证明：严厉的惩罚只是暂时有效，除非谨慎运用，否则还会起到相反的作用。事实已经证明：经常使用严厉惩罚的父母，养育的孩子往往具有特别强的攻击性，喜欢用暴力方式解决问题。因此，父母迫不得已使用惩罚手段时要慎重，注意掌握尺度。

**对好行为给予奖励**。当孩子打架时不理睬他，在他进行非攻击行为时才给予奖励。这种做法依赖于这样的假设：孩子常把攻击行为作为吸引他人注意的一个手段。对他们来讲，宁愿受罚也不愿被忽视。结果却变成了，对攻击行为的惩罚实际上成了一种奖励，“嘿！瞧，每次我打小妹妹，妈妈就很注意我。我想再来一次。”如果父母不理睬孩子的任何攻击行为，同时又十分注意他，并在他做了与攻击行为相反的行动，如友好地与小朋友玩耍、把玩具分给别人时，及时给予特别的夸奖和鼓励。几个星期后，孩子的攻击行为就会明显减少。

**培养对他人的同情和对弱者的怜悯心**。同情，即是对别人情绪、情感的理解与体验。教育孩子从别人的角度看待问题，是培养他对别人产生同情的主要方法。有条件的家庭也可以通过让较强壮的孩子饲养狗、猫、金鱼等，引导他们如何对待弱者。

这里有几条禁忌，父母要特别注意：

**父母绝对不可以唆使孩子打架**。成年人煽动挑唆自己的孩子去打架，这是绝对错误的，也是非常糊涂的。

**不要袒护孩子**。对于孩子打架，父母的袒护最要不得。在与别的孩子发生矛盾时，单纯地指责哪一方面都是不应该的。因为孩子寻求成人袒护的竞争意识都很强，一旦成人单纯地偏袒哪一方，其后果只能是使孩子之间的关系越来越紧张，越来越恶化。情感性地偏袒自己的孩子，“护犊子”这种做法更是特别愚蠢的。

## 玩小鸡鸡不是一件小事
### ——正确引导男孩子的性认识

有些父母发现，自己两三岁的儿子会时不时地喜欢玩弄自己的生殖器。也有些父母错误地认为，男孩子嘛，都是这样，长大自然就好了。更有些父母甚至还以此当众逗乐。

孩子成长的过程是一个不断探索外部世界和自身世界的过程，所以，孩子对性的认识是他们探索未知世界的一部分。从理论上讲，七八个月时，孩子的小手就应该偶尔摸到过自己的生殖器，不过这时，如同摸到眼睛、耳朵一样，完全是一种无意识的探索。慢慢地，这种认识和探索开始在好奇心的驱使下增多，但仍然不受性欲和性幻想的驱使。这样做只产生感官上的愉悦反应，而不会引起各种复杂的情感反应。

不过，探索精神再值得肯定，做父母的还是有责任引导孩子选择恰当的方式。尤其是如果男孩子玩弄生殖器已经影响到日常活动，那就不再是小事一桩了。父母有责任采取恰当的方式尽早纠正。

**向孩子公开表明父母对这种做法的态度：关注、理解，但不支持**。家庭成员之间的观点务必保持一致。有些孩子所以养成这个不良习惯，与父母的纵容分不开。

**开诚布公地与孩子讨论性及性器官的基本常识，对年幼的孩子也不例外**。因为，孩子能够通过父母的语气、眼神和表情本能地觉察到大人的态度。父母要告诉孩子性器官与身体的其他器官一样，都是健康人所不可缺少的重要器官，负担着重要的生理功能，自己有责任好好地对待它们，保护它们。

**让孩子明白“玩鸡鸡”的害处**。借助科普图片如细菌、病毒的致病图片，使孩子逐渐明白玩生殖器的种种弊端。

**现身说法**。父亲可以对孩子讲述自己的成长经历，让孩子知道，自己也曾对此充满好奇，但没有用玩的方式去认识，因为认识到那样做不是一个好方法。从而使孩子产生被理解后的认同感——“原来不只是我好奇，你也曾如此”，自觉地以父亲为榜样来约束自己的行为。

**养成良好的卫生习惯和生活习惯**。保持孩子身体清洁干燥；不给孩子穿太紧的裤子，不盖太暖的被子；不以显露和玩弄生殖器作为逗乐的手段；教会孩子采取正确的睡姿，避免俯卧位姿势；困后方上床，醒后即下床。

**用爱心、耐心做好打持久战的思想准备**。任何事情的改变都不可能一蹴而就，不良习惯也可能会有反复，权且当那是成长的烦恼吧。

**切忌随意给孩子贴上“手淫”的标签**。可以不露声色地转移孩子的注意力，引导、培养孩子其他方面的探索兴趣。

**帮助孩子合理安排自己的时间**。使孩子能够专心地做自己感兴趣的事情，不给他无事可做的独处时间。

**切忌采取打骂、侮辱、体罚等不适当的方式**。这样做有百害而无一益。

## 健康牙齿、灿烂笑容
### ——帮助孩子做好口腔保健

每一个父母都希望孩子拥有一口洁白整齐的牙齿，拥有天真灿烂的笑容。但要做到这一点，是需要付出很多的努力的。牙齿健康，不仅受先天因素的影响，更要靠后天的维护。要让孩子从小养成正确的口腔清洁习惯，父母应在多方面给予孩子科学的指导。

**从小刷牙，终身受益**。一般来说，孩子到了两岁半，20颗乳牙都长出来后，就可以开始教他刷牙了。3岁左右的孩子则要让他养成早晚刷牙、饭后漱口的习惯。

**为孩子选好牙膏、牙刷和漱口杯**。孩子用的牙膏、牙刷和漱口杯都比较讲究，可以选一些带有卡通造型的，以引起孩子的刷牙兴趣。要根据年龄大小，购买对牙龈刺激小的儿童牙刷。牙刷用过之后要用清水彻底冲净，甩干刷毛上的水珠，然后把刷头向上放置在通风处吹干。牙刷一般使用2～3个月后就要更换。牙膏也要选用专为孩子设计的儿童牙膏。儿童牙膏除了色彩比较艳丽、味道比较香甜、包装比较活泼外，含氟量也比较低。

**教给孩子正确的刷牙方法**。刷牙要讲究方法，否则不但不能有效地清洁口腔，预防牙病发生，反而会损伤牙齿，直接造成牙病。例如，错误使用横刷法，结果把牙颈部锯出一道缺口，遇到冷、热、酸、甜会感到疼痛，日久以后还会损伤牙髓。

正确的刷牙方法应当是顺着牙缝上下转动地刷，即上牙从上往下刷，下牙从下往上刷，咬合面要来回刷，里里外外都要刷干净。牙刷毛顺着牙缝上下竖直旋转的刷法犹如洗梳子的方式。如果孩子开始时不易掌握，从实际出发，一般先选拉锯式的横刷，几个月后尽快过渡到上下旋转式的竖刷。刷牙还必须坚持每天两次，特别要注意晚上睡觉前刷一次。牙齿的 3 个面（颊、舌、咬合面）都要刷到。每次刷牙要 3 分钟。

**不要把牙膏吞下**。刷牙时需要提醒孩子注意，不要把牙膏咽下，这样做对身体非常有害，刷牙后还要彻底漱口。孩子小，刷牙时很容易将牙膏吞咽进去，经常吞食牙膏有氟中毒的危险。一般在牙膏上都有“7 岁以下儿童每次用量不多于 1 厘米膏体”的提示。因此父母在给孩子挤牙膏时，一定要严格控制用量，一般取黄豆粒大小。建议父母在孩子很小的时候，就开始教给孩子刷牙的方法，让孩子模仿，平时也可以让孩子用盐水替代牙膏刷牙。

**刷牙后不再吃零食**。教会孩子正确地刷牙是一件耐心、细致的工作，也是父母的责任。作为父母必须用自己的言传身教来带动孩子，最好在睡前 5 分钟，与孩子一起养成刷牙后不吃零食的好习惯。

**少吃黏稠性大、含糖量高的食品**。如巧克力、饼干及面包等，少吃零食。

**用木糖醇满足孩子的甜味口感**。世界卫生组织认同木糖醇是一种最安全的甜味剂，具有预防龋齿的作用。

**父母要定期检查孩子的牙齿**。发现牙齿变黑或有小孔洞就要带孩子看病，以便早发现、早治疗，避免龋齿继续发展成为牙病。不要等孩子叫疼才想起检查，一旦孩子诉说牙疼时，多半已经晚了。

**合理营养，不偏食**。注意补充蛋白质、钙及各种微量元素，做到均衡营养，保证恒牙能正常、健康地萌出。

**多晒太阳**。婴幼儿应多到室外活动，经常晒晒柔暖的太阳，有利于牙齿的发育。

## 孩子有磨牙的习惯怎么办

### ——关注孩子心理和精神上的压力

有些孩子晚上入睡后常把牙齿磨得咯咯响，医学上称为“夜磨牙症”。夜磨牙多发生在熟睡时，自己并不察觉，所以也无法控制。当孩子出现夜磨牙时，导致牙齿口腔部分特别绷紧，同时过度使用牙齿，口腔肌肉也会因为规律性的收缩紧绷造成疼痛。

孩子夜晚磨牙的原因很多，主要有：

**孩子处于生长发育期，牙齿的咬合关系错乱**。一般来说，孩子在6个月至两岁半之间，都是乳牙萌发阶段，小学阶段才是牙齿更换时期，直到初中为止，乳牙大都可更换完全。在乳牙替换过程中，若有牙齿长歪或是蛀牙现象，导致牙齿咬合位置不正确，或是因为外伤所造成的牙齿咬合不一，就有可能因此产生磨牙的情形。遇到这种情况，父母不用担心，只要稍加注意就行。

**肠道内有寄生虫，特别是蛔虫**。如果确实发现有肠道寄生虫，应当在医生的指导下驱虫。

**白天过于疲劳或精神过于激动**。如孩子白天玩得太累，入睡后大脑皮层没有得到完全休息，也会出现磨牙。对这样的孩子，父母要注意帮助他放松精神，尤其在睡觉前1～2

小时，不要做一些紧张激烈的活动。

**胃消化不良**。因某些原因不能有效地消化食物，也会导致睡觉后磨牙。这需要父母注意调节好孩子的饮食，吃一些容易消化、营养丰富的食物，晚饭不要吃得过饱。

排除以上因素，孩子若是仍出现磨牙状况，心理和精神上的压力就是最有可能的原因。心理因素的变化往往能导致生理上的反应。有研究表明，好多磨牙现象都是由精神和心理上的原因引起。而这一点往往是父母最容易忽视的，却往往也是最棘手的问题。为了解决这一问题，父母可从以下几方面入手：



**关心孩子的日常生活**。对年幼的孩子来说，遇到压力或是心情烦闷的时候，他很难清楚或是正确地表达出来，而最直接的反应就是哭闹、发脾气，并且可能转移以生理症状表现出来，磨牙就是其中现象之一。当孩子面临极大压力时，除了磨牙之外，还会合并其他症状，例如：拉肚子、肚子痛等。面对这样的情形，孩子和父母的交流互动就显得十分重要。父母必须尽快调整对孩子的要求与态度，孩子的人际关系也要加强。建议父母不妨和孩子多从事运动项目，运动是一种情绪宣泄的良好渠道，不但可改善情绪压力，也可以重新建立良好的亲子互动关系。适时处理孩子的情绪反应，孩子的焦虑自然而然就会消失。

**找出问题所在**。当孩子出现磨牙现象，父母不妨试着用下列方式，找出症结所在：

回溯最近生活中所发生的事情，有哪些可能对孩子产生影响；

对其他可能和孩子接触的人做一番了解；

以孩子的角度和孩子沟通。

找出焦虑来源之后，要让孩子了解事情并没有想象中的那样严重。父母千万不能硬性要求孩子，更不能用命令式的口吻来处理。

游戏治疗。父母可利用陪孩子玩游戏的过程，引导孩子透露出信息，或是说故事，通过适当的解说，让孩子理解事实，排除孩子的焦虑或紧张情绪。

当孩子磨牙的情形变得较为严重时，就必须借助专业医师的帮助。如果夜磨牙长时间不能纠正，可到医院口腔科定做一个称为磨牙矫治器的牙垫，晚上睡觉时让孩子戴在上下牙齿之间，防止夜磨牙，保护牙齿。

## 孩子爱拿别人的东西怎么办

### ——如何纠正孩子的“偷拿”行为

上幼儿园大班的小强总爱“偷偷”地把别人的奥特曼玩具拿到家里来玩，妈妈知道后又气又急，也很苦恼，可就是不知该怎样纠正儿子的不良行为！

像小强那样，把别人的东西偷偷地拿回家，这种现象在4~6岁的孩子中并不少见。产生这种行为的常见原因有：

“别人的东西不可以拿”的观念还没有形成。由于这个年龄的孩子还不能很好地把自己的东西和别人的东西加以区分，只要自己喜欢，他就认为可以拿回自己家。至于是否要征得别人的同意，他还没有这个概念，或者说这个概念的约束力还不够强。

**父母过于迁就满足孩子**。如果父母对孩子的任何要求都过于迁就并立即满足的话，孩子就会习惯于自己想要什么，就能得到什么。在他看来，他想得到的就是他的，所以拿别人的东西也就是自然的、不足为奇的了。

**孩子为了显示自己强大**。如果此时在边上的其他孩子也欣赏他拿别人东西的行为，那么，孩子就会以为自己拿别人的东西是一种“勇敢”的表现。

**孩子的合理要求没有得到应有的满足**。由于孩子的合理要求没有得到应有的满足，从父母那里得不到自己想要的东西，但又羡慕别人的东西，于是他就会采取“拿”别人东西的做法。

**父母不良行为的影响**。当孩子看到父母从工厂或办公室把东西拿回家时，就会以为拿别人的和公家的东西都是正常的，进而也会效仿父母去拿别人的东西。

事实上，孩子去幼儿园或到小朋友家里玩时，偷偷地把别人的图书、玩具等物品带回家来，据为己有的情况并不少见。如果碰到这种情况，父母该怎么办呢?

**绝不能听之任之**。即使在父母看来是不值钱的东西，也绝不能默然处之；也不能因为爱面子，怕孩子的举动会引起别人的误解，索性教给孩子如何隐瞒；更不能采取赞赏纵容的态度，使孩子心安理得甚至沾沾自喜。这些做法都会助长孩子的占有欲望，使孩子养成贪小便宜的不良习惯，将来就有可能进一步发展为偷窃。

**不大发雷霆**。在年幼的孩子心目中，“自己”和“别

人”的基本概念尚不十分清楚，只知道“我想要”，不知道拿别人的东西来满足自己的欲望是不道德、不应该的。此时父母应该以温和严肃的态度引导孩子讲出为什么要拿别人的东西，然后耐心告诉孩子不能随便拿别人东西的道理，可以这样和孩子讨论：“如果你喜欢的玩具不见了，你觉得怎么样？会难过是不是？”

**让孩子认识到自己的行为给别人带来了不便和烦恼，并要求孩子及时把东西送还人家**。送还的时候父母最好能陪孩子一起去，在这个过程中又可以加深对孩子的教育。必须告诉孩子：“不管什么时候，只要你拿了不属于自己的东西，就应该把它送回去。”

**注意维护孩子的自尊**。值得指出的是，如果父母刚一发现孩子这种情况，就斥责他是“偷”别人的东西，甚至加以打骂，这样做只能损伤孩子的自尊心，往往令他连送还东西的勇气都没有了。因此，为了保护孩子的自尊心，父母在与孩子交谈时，切不可使用“偷盗”等词语，而要用“拿走”、“带走”这样的词来代替。

**帮助孩子建立所有权观念**。父母从小就要教会孩子识别别人的东西和自己的东西的不同，可以常常告诉他：“这是你的玩具。”“那是爸爸的书。”还要让孩子知道，如果想要使用别人的东西，就要事先征得别人的同意，而且用完之后马上还给别人，但绝不能随便拿别人的东西。父母还可以在日常带孩子逛街买东西时，让孩子体会“不是自己用钱买的东西就不能拿回家”。这样，孩子慢慢地就了解了什么是可以拿的，什么是不可以拿的了。

# 第三章　苦恼和发泄

## ——情绪放松和收敛的学问也是“童子功”

情感智力简称情商，主要是指一个人的情感和社会技能，表示与情绪有关的智力，属于非智力因素。当前，很多父母非常关心孩子智商的高低，却忽视了非智力因素对孩子成长的影响。这种片面的教育观念，引发出很多问题。如：孩子离家出走、厌学、孤僻、恐惧；一些从高等学府毕业的高才生，由于缺乏良好的心理素质，缺乏适应生活的应变能力，走上社会后连正常的工作都不能胜任……因此，父母有必要从小对孩子进行情商培养。

## 做自己情绪的主人——情商，要从小培养

伴随着孩子的出生，“情商”的培养也要随之开始了。下面按三个年龄段讲一讲如何培养孩子的情商问题。

**对 0～1 岁的孩子，父母要建立良好的亲子关系**。孩子年龄越小，越需要成人的爱抚。给孩子足够的肌肤刺激，会给他带来满足感和安全感。父母应多给予孩子抚摩、搂抱、亲吻、轻拍，与他建立良好的亲子依恋关系。依恋是情感联系的纽带，这对孩子情商的发展十分重要。

**对 1～3 岁的孩子，应该培养他辨别基本情绪的能力**。基本情绪是指高兴、生气、害怕、痛苦等情绪反应。当孩子做错事时，父母应表现出生气的样子，让孩子体会到做错事和生气这种情绪有内在的联系。当孩子表现得出色时，父母应向他展示高兴、兴奋的情绪状态。久而久之，孩子会从父母身上学会辨别这些基本情绪，体会到这些情绪给自身带来的不同心理感受。父母有意识地用情绪的变化感染孩子做事的态度，会促进孩子的情感健康地发展。

另外，3 岁孩子的独立性和探索精神已经初步发展起来，父母应该鼓励他自己的事情自己做，勇敢地尝试和探索周围新鲜的事物。在此过程中，孩子难免会遇到失败，产

生沮丧的情绪。这时，父母应善于引导，陪孩子一起找出失败的原因，把这种沮丧的情绪变成继续探索的动力。让孩子从小具备从挫折和失败中重新站起来的良好心理素质，是具有高情商的重要表现之一。

**对3～6岁的孩子，父母应为他创造与同伴交往的机会，帮助他学会在游戏中控制自己的情绪**。这个时期的孩子，独立意识越来越强，情感也越来越丰富和复杂。他们不仅需要从家庭中汲取感情的营养，还需要在与同伴的交往中获得满足和发展。要让他们知道，在与同伴的游戏中，只有遵守游戏规则才能顺利交往，否则就会失去很多朋友。这样，孩子自我控制情绪的能力就会逐步得到提高，与人交往的技能就会得到发展，解决问题的能力也会不断增强。



情商的培养比智商的培养更具有可能性和可训练性，而且越早培养效果越明显。所以，当父母在为孩子设计他的未来发展蓝图时，就从培养他的情商做起吧！它将成为孩子人生画卷中最绚丽多彩的一部分，并帮助他走向成功的未来！走向健康、幸福的人生！

## 孩子总爱发脾气怎么办——让任性远离孩子

时常听到有些父母说：“我们的孩子闹起脾气来，任何人都吃不消！他吃饭从不按时，想吃时就吃。我们吃饭时，他准在一旁玩个不停，还要有人陪在他身旁。如果硬劝阻他，他就会哭闹不止。”像这样的孩子就不知道如何调节自己的情绪，可以被认为有任性心理症结。

孩子发脾气往往是因为要求得不到满足，或者觉得自己的权益受到损害，这是一种与父母的对抗行为。2～5岁的孩子处于“第一反抗期”，正在形成自我意识，主要表现为什么事都要自己做，所以历来温顺的孩子到了这一时期也会变得急躁、不听话、调皮。“反抗期”是孩子正常的心理发展过程，如果顺利通过，对孩子心理健康和成才是非常有好处的。但这时的父母会觉得孩子特别不听话，特别爱发脾气和哭闹。所以大多数父母在这一时期采取的处理方式要么一味地顺从，要么就采取强硬措施，如施以打骂。其实这两种做法都不好。父母可以参考以下的几种方法，对孩子的任性行为进行早期干预。但请注意，以下方法不适用已经成为痼疾的任性行为。

**对孩子合理的要求要尽可能及时满足**。如暂时满足不了，也应该和孩子讲清原因。对孩子不合理的要求也要和他讲清为什么不合理，绝不能因为孩子哭闹而迁就他。

**孩子发脾气的时候，不予理睬**。可以等孩子情绪稳定后再耐心跟他讲道理。

**要善于找出孩子发脾气的原因**。因势利导，不能不分青红皂白就责骂孩子。

**转移注意力**。这对年龄小的孩子很有效。因为孩子年龄小，注意力难以长时间保持，用其他有趣的事物，容易转移他的注意力。还可以带孩子离开现场，去一个全新的地方，也有助于转移孩子的注意力。

**注意处理初发行为**。比如第一次打人、第一次把爸爸的抽屉弄乱、第一次往外面扔东西……要马上处理，对他讲明不能这么做的道理，或者用眼神、摇手、摇头表示不满。

**生活有规律**。孩子知道这件事做完以后该做什么，这样能减少任性发作。

**讲话要坚定、平静，不要恐吓或威胁，不要高声叫嚷**。

**事先给予预告**。比如外出之前，告诉孩子今天要去动物园，但是不去猴山那边，不看猴子，只看熊猫和狮子。

**进行必要的惩戒**。在孩子哭闹时，采取“冷处理”的方法，等到孩子沉不住气，主动与父母搭讪时，要严肃地向他讲清楚不满足他无理要求的原因，指出他的任性是不对的，让他保证再不这样做。只有这个时候，批评才是有效的。

**不轻易改变决定**。对待孩子的要求，父母一旦做出决定后，就不要轻易改变，要在孩子的心中建立起威信。

**加强磨炼**。减少对孩子的呵护，为孩子提供磨炼的机会。要让孩子自己去克服困难，锻炼意志，增强独立意识，从而懂得关心、爱护、帮助别人，养成良好的行为习惯。

**分析原因，循循善诱**。孩子的任性行为中时常也蕴藏着积极的因素。如3岁的孩子非要擦玻璃，父母不应一棒子打死，要对此“闪光点”加以引导，先讲清危险性和困难程度，再表示感谢。这样做既不伤孩子的自尊心，又避免了孩子的任性行为。

## 做乐观的小天使——培养孩子乐观开朗的性格

有一位妈妈不明白自己仅有5岁的女儿为什么总是小心眼儿，爱生气发脾气不说，常常一件很小的事情就可能挫败女儿的自信心，让她情绪低落、痛苦，甚至悲观失望。每次妈妈都得花很长时间、费很多口舌才能把她哄高兴。怎样教育才能让孩子变得乐观开朗呢？

**把握住培养的最佳时机**。与乐观相关的心理素质在孩子4岁左右逐渐出现，所以4岁是培养孩子乐观品质的最佳时期。

**不要对孩子“控制”过严，不妨让孩子在不同的年龄段拥有不同的选择权**。如2岁的孩子允许选择午餐吃什么，3岁的孩子允许选择上街时穿什么衣服，4岁的孩子允许选择假日去什么地方玩，5岁的孩子允许挑选买什么玩具，6岁的孩子则允许选择看什么电视节目……只有从小就享有选择“民主”的孩子，才会感到快乐自立。

**鼓励孩子多交朋友**。不善交际的孩子大多性格内向，更因为享受不到友情的温暖而孤独痛苦。性格内向、抑郁的孩子更应多交一些性格开朗、乐观的同龄朋友。

**教会孩子与他人融洽相处**。与他人融洽相处有助于培养快乐的性格，因为与他人融洽相处者心中较为光明。父母可以带领孩子接触不同年龄、性别、性格、职业和社会地位的人，让他学会与不同的人融洽相处。此外，父母自己也应与他人相处融洽，热情待客、真诚待人，给孩子树立起好榜样。

**生活不宜过分优裕**。物质生活的奢华反而会使孩子产生一种贪图享受的心理，而对物质的追求往往又难以自我满足，这就是为何贪婪者大多并不快乐的真正原因。相反，那些过着普通生活的孩子往往只是得到一件小玩具，他们就会玩得十分快活。

**让孩子爱好广泛**。开朗乐观的孩子心中的快乐源自各个方面。一个孩子如果仅有一种爱好，那他就很难保持长久快乐。试想：只爱看电视的孩子如果当晚没有合适的电视节目看，他就会闷闷不乐。一个孩子是个书迷，但如果他同时还能热衷体育活动，或饲养小动物，或参加演出，那么他的生活将变得更为丰富多彩，由此他也必然更为快乐。

**提供具有适度挑战的游戏**。根据孩子的成长水平选择难易适度的游戏，也是培养乐观性格的好方法，但需注意难度不要太大。很多人小时候可能都玩过一种“钓鱼”的游戏，是用磁铁相吸的原理培养孩子手眼的协调能力。父母可以先观察孩子一般能钓上几条“鱼”，然后鼓励他每次争取多钓上一两条，或者逐渐增加阻碍的难度，让孩子耐心地对付晃动摇摆的渔线，并指导孩子对自己说：“我一定能钓好多鱼。”自信和乐观便在与“鱼”的较量中产生了。

**引导孩子摆脱困境**。即使天性乐观的人也不可能事事称心如意，但他们大多能很快从失意中重新奋起，并把一时的沮丧丢在脑后。父母最好在孩子很小的时候，就着意培养他们应付困境乃至逆境的能力。要是一时还无法摆脱困境，那么可教育孩子学会忍耐和随遇而安，或在困境中寻找另外的精神寄托，如参加运动、游戏、聊天，等等。

**拥有自信十分重要**。一个自卑的孩子往往不可能开朗乐观——这就从反面证实了，拥有自信与快乐性格的形成息息相关。对一个智力或能力都有限，因而内心充满自卑的孩子，父母务必要多多发现他的长处，并审时度势地多进行表扬和鼓励。来自父母和亲友的肯定，有助于孩子克服自卑，树立自信。

**不向孩子宣泄自己的“情绪垃圾”**。有的父母在外面受了“窝囊气”，回来就对孩子发“无名火”。殊不知这种不良情绪特别容易打击孩子的自信和乐观。因为孩子会把父母的恼火归咎于自己，但他又不知道自己错在哪里，于是只能胡乱否定自己。长久下去，容易让孩子自责、退缩，并表现出顽固的消极心理情绪，淹没孩子灿烂的笑容。

**乐观的父母培养乐观的孩子**。父母在自己遭遇困难时仍然能够展现乐观的态度，对孩子乐观品质的养成十分重要。

## 把爱藏起一半——让孩子变得更加坚强

坚强的品质是孩子的一种精神需要，是孩子健康成长的重要心理因素，是让人奋发向上的精神力量，也是一个人成长的健康保证。但是，父母们也有这样的疑问：在今天优越的生活环境里，怎样做才能锻炼孩子的意志，培养孩子坚强的品质呢？

**把爱藏起一半**。明智的父母一定要考虑到未来生活对孩子的挑战，今天把爱藏起一半，明天孩子就会有足够的勇气面对种种困难和挫折。要相信孩子的能力，他们正是在逆境中学会坚强的。如何做到把爱藏起一半，并不是件容易的事。

**父母要有清醒的头脑**。对孩子来说，爱是滋润他健康成长必不可少的精神营养。但也要防止“营养过剩”。父母必须学会控制自己的情感，例如在饭桌上要让孩子懂得与别人共同分享美味食品。在家里还应让孩子承担起他应有的责任，不能袖手旁观。这种责任感对于孩子的将来是一笔不小的财富。

**保持理智的心态**。孩子的成长经历谁也代替不了，孩子未来的路是靠他们自己走出来的。父母的任务应该是给孩子成长创造条件，而不是包办代替，这需要理智的爱。

**给予孩子更深沉、更科学的爱**。表达爱的方式是多种多样的，如今的孩子不仅需要直接的爱，更需要含蓄的爱、科学的爱、深沉的爱。把爱藏起一半是父母的明智之举。为了孩子将来能自食其力，父母要把爱藏在心底，让孩子适当地吃些“苦”，受些“累”，忍受一些挫折，这是他不可或缺的人生必修课。

**支持孩子大胆去做事**。如鼓励孩子自己穿衣、吃饭，去邻居家借点儿东西等。人类只有极少数的天性本能，生活的本领大多是依靠后天的培养、教育和学习。父母教育孩子，一是在孩子未成熟期加以保护，但这种保护应随着孩子的成长越来越少；二是促进孩子能够单独生活、适应社会，这种促进则应随着孩子的成长越来越多。

**鼓励孩子大胆说话，给他创造说话的机会**。一些较内向软弱的孩子，平时不喜欢说过多的话。对这类孩子父母应尽量少讲“你必须这样做”之类的话，而要多问“你看怎么办?”“你的想法是什么?”给孩子一个独立思考并表达自己意见的机会。如果孩子的意见对，父母应大大赞许，让孩子获得自信和勇气；如果孩子的意见不正确，也不要责怪孩子，而应指导他认真思考自己的意见为什么不对，这样才能不断提高孩子的讲话能力。

**长期让孩子坚持一项简单的劳动**。像打扫卫生，自己洗脚、刷牙、洗衣服等，慢慢地孩子就会养成独立生活的习惯。让孩子分担一部分的家务劳动，有机会的话还可以去农村体验一下田间的劳动。在孩子失败时有意识地进行鼓励，也可以用包含艰苦环节的活动锻炼他顽强的意志。

## 幽默风趣——人生智慧的表现

大量的事实和调查数据显示：不少中国父母缺乏童心和幽默感，因而不能成为孩子的贴心朋友，这是为人父母的一个遗憾。而现在的孩子特别希望父母幽默风趣，可以增添生活的情趣。幽默风趣不仅仅是好玩儿逗乐，它实际上是一个人很多优点的结晶：聪明、智慧、乐观、开朗、纳人悦己，等等。

研究还发现，人的幽默感大约三成是天生的，其余七成则需要靠后天的培养。每个人天生都具有“幽默细胞”，只不过不同的家庭环境和生活阅历使幽默感在每个人身上的含量渐渐拉开距离。有的人在成长的过程中把它发扬光大为幽默风趣的好习惯，有的人的幽默感刚刚启蒙就被扼杀了，成为一个听不懂笑话，也不会化解生活别扭的“老古板”。幽默感是伴随一个人幸福体验和未来成功的催化剂，因此父母在为孩子设计宏伟蓝图的时候，不要让知识和技能的学习占满空间，还要列出培养孩子幽默情趣的一份计划。

**营造幽默气氛**。当孩子哭闹时，父母若懂得在一旁营造轻松气氛，抱抱他、拍一拍他、安抚他，“怎么了，妈妈的小宝贝儿，为什么哭得跟小花猫一样？有什么事妈妈可以帮你的忙吗?”温柔、幽默的表达方式，有助于孩子忘记哭泣，破涕为笑。因此，当孩子说出一些好笑的笑话和语言，或是表现出一些有趣的动作时，父母别忘了给他一些掌声和鼓励，建立他的自信心，也让自己和孩子一起轻松一下。

**玩捉迷藏游戏**。孩子对捉迷藏的游戏百玩不厌，3岁以前的孩子玩这个游戏的时候，可能会犯“此地无银三百两”的愚蠢错误，非常有趣。他们可能趴在地上，即使被父母发现了，还是闭上眼睛，就不算被父母发现了。他们也不理解声源会暴露自己的隐藏地点的道理，反而大声说：“我在这儿!”在这种情况下，父母都不要扫孩子的兴，要假装找不到孩子，把游戏持续时间长一些，让孩子尽兴一些。

**做怪样子**。孩子对反差比较大的事情容易产生幽默感。人们会常常发现孩子喜欢穿大人的鞋，这就是他们主动体验幽默的常用“伎俩”。如果妈妈戴爸爸的大手套，他就会觉得很滑稽可笑；如果把钥匙挂在耳朵上，把塑料小筐顶在头上，把塑料袋包在脚上……总之，一些不符合常态的举动，都会触发孩子的幽默感。

**模仿游戏**。孩子喜欢模仿大人，也喜欢大人模仿，学做一些动物样子，比如学做不倒翁、企鹅、鸭子、小鸟、小鸡等，都能激发孩子的幽默意识。

**欣赏幽默作品，提高孩子对幽默意识的领悟力**。父母不妨收集一些优秀的儿童漫画，制成挂图，引导孩子欣赏；或选几本幽默连环画册给孩子欣赏和讲述，激发他们的想象，鼓励他们讲述，借助幽默作品来教育孩子。譬如对挑食的孩子，妈妈可以讲《珍珍姑娘》的故事：有个叫珍珍的姑娘因为挑食，这也不吃那也不吃，结果变得特别轻，被蚂蚁抬走了，她在音乐会上唱歌的声音比蚊子还小……孩子或许会被这个挑食姑娘的滑稽形象逗得哈哈大笑，但同时也知道了挑食的坏处，从而有意识地改正。父母可以将幽默融入知识的传授中，孩子在专心致志听故事的同时，也会记住这些知识。

**防止“变味儿”的幽默感**。有的孩子将幽默演变为“人来疯”，甚至发展成嘲笑戏弄他人的恶作剧行为。例如有些孩子学残疾人走路的样子，这就需要父母及时教育和改正。因此，孩子的幽默感发挥得好，积极健康、与场合相宜，父母就应以大笑、赞扬来肯定；但如果孩子的言行表现不妥当、不健康，就应该把他拉到一边说句“悄悄话”，及时制止它。

**讲文明的幽默语言**。幽默的语言以不伤害他人为基本原则；幽默的语言更要以人际间的礼貌为前提。

**不做危险动作**。幽默的动作以不涉及危险动作为原则。父母与孩子说笑话或表演滑稽的动作时，要考虑孩子的具体年龄。

## 对孩子说“我爱你”——培养孩子的自信心

很多孩子都十分听话、有礼貌，是人见人夸的好孩子。

可是美中不足的是，这些孩子往往不够自信，不敢与陌生人说话，不敢大胆地去表现自己，或者大声说出自己的主张。父母应该怎样帮助孩子建立起自信心呢？

**“鼓励”，永远是父母的第一选择，也是建立孩子自信心最有用的良药**。成年人取得自信的方法是不断地取得成功或不断想象成功。同样的道理，让孩子有机会成功，多给他鲜花给他掌声，就会出现鼓励→进步→再鼓励→再进步，孩子的信心就逐渐建立起来了。对孩子的每一点进步，父母都要及时给予鼓励。不断地肯定——这是快速地帮助孩子建立自信心的最佳方法。

**每天至少一次对孩子说“我爱你”**。

**赞扬孩子某一件事情完成得很好**。无论是家里的事还是学校的事都可以。

**了解孩子在学校或家中遇到的一些困难**。肯定孩子做了积极的努力。

**花一些时间和孩子在一起**。哪怕每天只有 10 分钟，和孩子在一起，干什么比干多久往往更为重要。

**参与孩子的活动**。去看看孩子的表演，让他知道父母十分关心他。

**创建各种家庭活动项目**。这些项目可以是家庭值日活动、家庭锻炼或家庭报纸管理，可以根据孩子的爱好来选择，也可以让孩子在这些活动中担当某些特殊的任务。

**给孩子分配些任务**。比如自己整理房间，或在大人生病时让他倒开水或者拿药，这样会让孩子觉得自己很重要。孩子喜欢别人需要他的感觉。

**尽可能给孩子阅读**。无论什么时候，鼓励孩子提问并发表自己对故事的看法和评论。

**父母自己要表现得非常自信**。孩子会像读一本书一样“读”成年人，他是采用依葫芦画瓢的方式来学习的，对他人的情绪变化非常敏感。

**倾听**。当父母花时间倾听的时候，孩子就会认为父母很在乎他的想法和观点。当然，父母要亲切、和蔼，并与孩子保持平等，避免说一些“现在可不行，你看妈妈正忙着呢”这样的话。如果确实不能马上听孩子诉说，可以换一种方式，比方告诉他：“我们改一个时间行吗？”并承诺和安排好下一次交谈的时间。

**坚持履行自己的诺言**。不要承诺自己做不到的事情。假如父母对孩子没能实现许下的诺言，孩子会觉得似乎是自己做错了事。

**不要拿自己的孩子与别人的孩子比较**。要知道，每个孩子都是独一无二的，都有自己的个性和特点。

记住，孩子们总是那么好学而又非常容易被感动，每时每刻期待着父母的指导。要鼓励孩子，爱孩子，跟孩子交流，倾听孩子，最重要的是相信孩子的能力。父母就是建立孩子自信心的关键。

## 心急吃不了热豆腐——让孩子变得有耐心

古希腊哲学家柏拉图说过：“耐心是一切聪明才智的基础。”俗话说，“心急吃不了热豆腐”。这都说明耐心是成功的关键因素之一。在心理学上，耐心属于意志品质的一个方面，即耐力。它与意志品质的其他方面，如主动性、自制力、心理承受力等有一定的关系。可现在的孩子普遍存在的一个问题就是没有耐心，做事情只有 3 分钟热度，今天想要干这个，

明天却没了耐心，又把注意力转到其他地方去了。对自己的要求，只要想到了或者听到了，便要求立刻兑现。否则便不停地纠缠、吵闹，直到父母满足他们的要求为止。孩子缺乏耐心的种种表现，让父母十分忧心。

为了孩子的健康成长，父母可以做一些工作：

**在孩子做事的过程中，父母切勿随意干扰**。孩子正在专注地玩耍和游戏，父母也要把它当成严肃的工作加以尊重，不要轻易地打断。这是孩子自主发展耐心专注习惯的必经过程。例如孩子玩沙、玩水、玩土通常很专注，大人只在旁边做必要的健康与安全帮助就行了，不要怕不卫生而打断和阻止他，随他玩个够，因为这时孩子的专注习惯正在得到有效地形成。

**通过一些耐力游戏培养孩子有耐心**。父母可以让孩子玩一些耐力游戏，比如拼图、魔方、搭积木等。目前书店里有不同难易程度的迷宫游艺书，适合不同年龄段的孩子。最初父母可以带领孩子一起“走迷宫”，从简单的有趣的游戏开

始，渐渐地让他喜欢这类游戏，然后再增加难度。孩子的耐心及专注习惯将得到有益的发展。

**要适当对孩子的要求“延迟满足”**。国外心理学家曾做过这样的实验：他们把一群学龄前儿童集中在一间屋子里，然后每人面前放一块糖，并告诉这些孩子，谁坚持不吃这块糖，而且时间坚持得越长，谁就能再获得一块糖。结果有的孩子能坚持很长时间，而有的孩子则难抵诱惑，一点儿也没有耐心。随后的跟踪调查发现，能获得第二块糖的孩子通常能适应环境，更具自信心和独立性；而那些满足于一时痛快的孩子则显得孤独、易受挫折，在压力面前容易退缩，对挑战总是选择逃避。所以，家长面对孩子的要求，不要马上给予满足，最好让他通过某种努力再得到满足。

**让孩子适当地承担一点儿责任也是培养耐心的有效方法**。比如每天坚持让孩子干点儿家务活儿，可培养孩子的恒心和毅力。还可让孩子用自己的零花钱买一盆花，通过每天为花浇水、施肥、晒太阳等，培养他们的耐心，并用这份耐心去认真对待其他事情。

**培养孩子生活、做事的兴趣**。如果孩子对某件事情怀有强烈的兴趣，就会想方设法地把事情做好，也会有极大的耐心把事情做完、做好。所以兴趣是培养孩子耐力的最好动力。而培养孩子的耐心根本上就是要让孩子有做事、生活的兴趣和热情。

**检查效果，适当进行有益的奖励**。培养孩子的耐心，也要有一些强化刺激的手段。当孩子耐心做完一件事情后，父母要及时给予适当的奖励，让他明白有耐心是一件值得表扬和鼓励的事情。通过强化刺激，孩子会渐渐把耐心转化为自身的一种品质。

## 家里有个“人来疯”——如何应对尴尬局面

3岁的小慧平时是个懂规矩又乖巧的小女生，可是每次家里有客人来，她就会一反常态，总是显得特别兴奋，在客人面前跑来跑去，有时甚至会大喊大叫，吵着妈妈要这个要那个，“野”得连妈妈都快不认得了。由于又不方便在客人面前发火，这种情况常让小慧妈妈好尴尬。为什么平常乖巧的孩子会变成“人来疯”呢？

“人来疯”是指儿童在陌生人面前特有的一种强烈的表现欲。他会想方设法让别人注意自己，以求得到别人的夸奖、赞美、认可。这是一种儿童的心理需求，多见于3岁至6岁时期。孩子“人来疯”，首先是因为新的刺激容易引起他的兴奋。儿童的神经系统发育不完善，自我控制能力差，于是就会变得“无法无天”。另一种情况是，孩子看到家里来了客人，认为自己被冷落了，心里很不是滋味，于是会做出一些越轨的行动，想引起大人的注意。

面对“人来疯”的孩子，父母究竟该怎么处理呢？是给他做足心理工作，还是对他的种种出格表现不予理睬？怎样的方法才是最适合的？

**预先告知**。假如知道有客人要来，父母应事先主动向孩子介绍客人的情况，给他一定的心理准备空间。

**介绍客人**。孩子的记忆力有限，所以当客人进门后，应该在向客人介绍孩子的同时，也向孩子介绍客人。对孩子重复预先讲过的情况，加深他对客人的熟悉度。

**充当助手**。让孩子作为小主人参与到招待中来。“请你帮我摆好椅子，想想该请客人坐在哪里?”客人来了可以让孩子端上水果，或拿条擦手毛巾。这样把客人也作为孩子的客人，孩子就能在接待中逐渐学会社交礼仪。时间长了，孩子就会知道有客人来时自己该怎么做了。

**提供舞台**。让孩子展示一下自己的本领，唱个歌、弹段琴、画张画；也可允许他和客人自由地谈天说地。由于有客人的注视，可以让孩子认同自己的能力，孩子会觉得自己很棒。客人的夸奖，更是孩子以后努力的动力。

**转移兴奋点**。如果成年人之间的谈话确实不适合孩子的加入，父母可以转移他的兴奋点。“你喜欢的动画片开始了!”“你今天还没有浇花呢，浇完花还要拿报纸!”让孩子的注意力恰当转移，也可以避免他表现出特别兴奋反常的行为。

**与同龄人交往**。如果客人中有小伙伴在，那就可以让孩子负责招待他的小客人。在与同龄人的交往中，既培养了孩子的人际交往能力，又可以在同伴中找到共同的乐趣。

**必要约束**。孩子如果趁客人来提出过分要求，父母不要妥协，也无须训斥，可以用商量的方式来解决。

**不要在客人面前训斥孩子**。这样做很容易伤害孩子的自尊心。

**理智面对**。“人来疯”是学龄前儿童特有的行为，父母不必太在意。等孩子长大了，自然而然会得到改善的。

总之，父母要把孩子当作是家庭中与大家地位平等的一员，既要让他明白自己获得保障的权利，也要让他清楚自己应尽的义务。在和谐、民主的家庭气氛中，标本兼治“人来疯”。

## 当他打翻了“醋坛子”——帮孩子克服忌妒心

细心的父母是否发现，当着孩子的面夸奖或亲近其他孩子时，自己的孩子经常会发脾气或做出一些出格的行为？其实，这些都是他忌妒父母亲近别人，又渴望父母爱的情绪的表现。



一般来说，两岁多的婴儿暂时还不会表现出妒意。但随着年龄越大，越可能与周围的小伙伴攀比，对自己几经努力也无法达成的目标充满不甘。这个时候，对“幸运儿”的心理排斥和强烈的妒意，就自然生发出来了。忌妒一方面是待人不够宽容的具体表现，另一方面也是孩子自我意识开始觉醒的表现，是成长的副产品。通常，忌妒情绪强烈的小孩儿，好胜心也强，愿意为某一方面超出同龄人而付出双倍的努力。父母要做的只是解决因此而产生的虚荣、攀比、说谎、任性等负面因素，而不是把忌妒背后的进取动力也一笔抹杀。为此，父母一定要做好孩子忌妒心理的合理引导工作。

**鼓励孩子承认自己的忌妒**。假如发现孩子心生妒意，如果父母斥之为“可耻想法”予以打压，那只会加深他内心的矛盾与扭曲。而鼓励他说出来，则是疏解孩子内心压力的最佳途径。如果孩子的忌妒对象是小伙伴，父母应当鼓励他当着对方的面说出自己的羡慕和不甘心。在说出自己的真实想法后，孩子很可能会得到呼应和帮助，这能极大地缓解他的妒意和压力，不会令他自责“我是不是有问题”，进而心理健康地长大。

**激发孩子的自我意识和自信心**。父母不要经常责怪自己的孩子不如别人，这样做会伤害他的自尊心和自信心。应该多多鼓励孩子，有一点儿小的进步就要称赞他，让他认识到自己的潜力。

**将忌妒转化为努力的动力**。父母可以尝试着将孩子的忌妒心转化为竞争意识。首先，让他明白自己落后的原因不在于别人，而在于自己；如果孩子一时间无法接受，父母不妨先赞扬他哪些方面做得好，在他情绪平静后，再和他一起看看自己哪些方面不是做得很好，需要更努力。父母平时也要注意自己的言行，因为成人不自觉中流露的忌妒心很容易传染给孩子。

**让孩子多参加竞赛型游戏**。父母可以鼓励孩子多参加一些竞赛游戏，比方飞行棋、国际象棋等棋类游戏。这类游戏的功能就在于，能让孩子多一些体验成功与失败交织的矛盾感受。而多经历一些这样的心理上的矛盾冲突，可以锻炼孩子的心理调适机能。

开始时，父母可以一边教孩子学习游戏规则，一边和他一起玩。然后，试着鼓励他跟其他小朋友一起玩。孩子赢了比赛，父母可以在和他一起开心庆祝的时候多问问他，为什么这次会赢？人会一直赢吗？当孩子输了，父母不要先表现出很难过的样子，应该尽量保持平静，让孩子明白，比赛中输赢都很正常，输了可以再赢，赢了也可能会再输。

**让孩子多参加集体游戏，明白团结合作的意义**。比如参加拔河比赛之类的活动，能够让孩子明白团结起来力量大，要想取得胜利，就得多合作、少攀比。

## 风雨过后方有彩虹——让孩子接受挫折教育

一位儿童心理学专家说：“有十分幸福童年的人常有不幸的成年。”因为很少遭受挫折的孩子长大后会因不适应激烈竞争和复杂多变的社会而深感痛苦。俗话说，“吃一堑，长一智”，父母要让孩子经历挫折，能有助于他从中吸取经验教训，学会分析和处理问题，在挫折中真正地长大。

**给孩子一个面对挫折的机会**。大一点儿的孩子有时会主动拒绝尝试新的或者是他认为困难的事情。但是，如果父母确定的目标只是“试一试”而不是“成功”，那孩子就比较容易接受了。

**让孩子从小学会“等待”**。当孩子七八个月大，有一定要求时，父母就要让孩子学会“等待”。例如：给孩子喂奶时，告诉孩子奶凉一凉才能吃；孩子学习精细动作时，给孩子一块包糖纸的糖，告诉孩子自己剥开才能吃到糖；去商店买东西或排队乘车时，告诉孩子必须遵守规则排队才能达到自己的目标。

**让孩子学会保持“愉快乐观”的情绪**。让孩子保持每天都有好心情，除了给予孩子爱以外，还应该有适当的惩罚措施，不能使孩子养成任性、自私、怕苦、怕累的坏习惯，实际上这也是一种挫折训练。当然做到这一点也必须从小订下规矩，让孩子遵守。还要鼓励孩子讲出对每天发生的某件事的感受，对于积极的观点给予赞扬，对于消极的观点给予疏导。保持终日的好心情有助于孩子的身心发展。

**做个失败分析**。很多情况下，给孩子带来最多打击的往往不是失败本身，而是他对失败的理解。父母可以和孩子一起尝试对失败做个分析：在纸上画个圆圈代表失败，在圆圈的边缘拉出一条条线代表失败产生的原因。这样做不是要父母教孩子逃避责任——有些时候导致失败的确实是孩子自身的原因。做这种失败分析的关键在于让孩子看到：其实有一些导致失败的原因是自己可以避免的。

**鼓励帮助**。大一点儿的孩子，父母可以鼓励他陪奶奶到院子里散步；小孩子则可以要求帮助做一些简单的家务。具备很强的挫折抵抗力的孩子——也就是那些在困境中依旧能够快乐前行的孩子，往往也是非常有责任感和爱心的孩子。鼓励孩子照顾和帮助他人，是让孩子树立自信心，承受挫折的好办法。

**父母应先让自己快乐**。孩子的“挫折抵抗力”有多强，有时候取决于父母自己面对挫折的态度。另外，幽默感也很重要，能够以轻松诙谐的心态面对生活的起起落落，这样的父母会是孩子们很好的学习榜样。

**不要嘲笑孩子**。父母可以自嘲，但永远也不要嘲笑孩子。在合适的时候，跟孩子讲讲自己的失败体验或者曾经经历过的尴尬事，孩子会从父母的故事中了解错误和失败总是难免，它们会让人很不舒服，但有的时候也会带来好的结果。

## 两岁的孩子难管——度过孩子的第一个反抗期

有这么一种说法，叫作“可怕的两岁儿”。这指的是进入“第一次反抗期”的孩子所特有的现象。孩子两岁刚过便开始进入这一时期，大约要持续4~6个月的时间。

可以脱离父母，自己的事情总是想自己来做——这就是正处在自立初期的两岁孩子。不管什么事情，他们都想凭自己的力量来解决。于是，当听到大人说“不行”的时候，他们立马就会进行反抗。还有，当有的事情不能按照自己的愿望做好的时候，他们也会歇斯底里地发脾气，又是跺脚又是哭叫。这其实是因为欲望得不到满足而产生的一种宣泄的方式。那应该怎样面对难缠的两岁孩子呢？

**父母应该明确对孩子说“不”。**父母对孩子的无理要求要十分明确地表示态度，不让孩子有空子可钻。

**对两岁的孩子就要尊重。**孩子和父母唱反调的时候，其实并不是针对父母，也不是针对某件事，而只是想表达有权利否定一些事情。因此，父母应该在要求孩子做事情的时候，学会尊重他的想法，让孩子能够不受限制地表达自己的想法，让他认为自己是一个独立的、可以有想法的人。

**教孩子正确表达自己的情感。**当孩子哭闹的时候，设想一下孩子的心情，教会他怎样用语言表达出来。如果只知一味地训斥，是无法帮助孩子顺利度过“可怕的两岁儿”时期的。孩子若是能够很好地用语言表达自己的情绪和愿望，那么他每天的生活就会过得很顺利；而语言能力没有得到充分发展的孩子却无法做到这一点。

**互换角色**。通过游戏，给孩子一个“照镜子”的机会，就可以轻松地帮助他更好地认识并规范自己的行为。比如和孩子一起玩“过家家”的游戏，让孩子来当父母，父母来当“孩子”，并将孩子平时一些不好的表现，比如任性、发脾气等等行为表演出来，故意为难一下这个小小的“爸爸”或者“妈妈”，让他在游戏中认识到自己的行为究竟带来了什么样的影响。还可以组织多人参与这个游戏，有的人扮演表现好的孩子，有的人扮演表现不好的孩子，给孩子一个判断的机会。让他在判断好行为和不良行为的游戏中，明白自己应该遵守什么样的行为规范。

**正话反说**。父母把握孩子的心理，顺着孩子的想法，反方向要求孩子，说不定反倒能够收到事半功倍的效果。比如，今天下雨，其实想让孩子穿上雨鞋，父母可以倒过来跟他说：“今天不要穿雨鞋哦！会把漂亮的雨鞋弄脏的！”父母的“反其道而行之”，没准儿使得孩子的“反抗”正好可以“负负得正”，最终能够达到父母的目的。相信聪明的父母一定可以帮助自己的孩子顺利走出这个“反抗期”！

**不要讽刺孩子**。要让孩子明白，在自己做不到的情况下，接受一下别人的帮助并不是什么坏事。学习本身就是从不会到会的过程，如果孩子意识不到这一点，那他今后怎么能够学到更多的东西呢？

**不要过多干涉孩子**。父母不要过多地干涉孩子，而是应在一旁给予关注，使他对自己的能力产生自信，从而在轻松自在的环境中成长起来。这样，“可怕的两岁儿”现象便不会反复出现，首次反抗期也就轻松地度过了。

## 为害羞的孩子打开世界之窗
### ——培养孩子主动社交的意识

妈妈带着 3 岁的洋洋去超市购物时，碰巧遇见了一个好朋友，正要上前热情招呼，洋洋却突然死命地抓住妈妈的腿，并且对阿姨的“你好，洋洋”这句问候置之不理。妈妈对洋洋的这种反常行为感到惊奇，立即询问洋洋：“宝宝，你怎么啦？你不是很喜欢她家的小妹妹吗？”洋洋却始终躲在妈妈身后，一言不发。

生活中像洋洋这样的孩子并不少见，他们往往会对新情境表现出突然的“退却”。这样的孩子能够控制自己的好奇心，做事小心谨慎。实际上，这是他们特有的、先天的气质所决定的行为模式。从某种意义上说，害羞本身并不是一个问题，只有当孩子的害羞程度大到阻止他结交好朋友，或者让他无法参与到集体活动中时，这样的害羞特性才会成为一个问题。父母应该怎样为害羞的孩子打开世界之窗呢？

**创设一种没有责备的环境。**如果孩子知道犯错误后不会受到父母的责备或羞辱，他就会更容易放弃那些害羞的行为方式。例如孩子倒牛奶时不小心溢出了，父母应该说：“没关系，我们一起来清理干净。”

**让孩子适当面对困境。**当餐馆服务生热情地询问孩子几岁的时候，父母千万不要替他回答问题。虽然孩子如临大敌的样子让父母看上去很心疼，但是这种痛苦是为了他好。一些父母往往会觉得害羞的孩子容易受伤，所以会给予过多的保护，但这样做只会让事情更糟。

**练习回答问题**。如果孩子陷入害羞的模式中，他有可能会向父母求助，自己需要得到怎样回答问题的帮助。父母可以在乘车的时候或洗澡的时候和他练习。父母可以这样说："当有人问'你叫什么名字'时，你应该告诉他'洋洋'。那样，他就知道你是谁了。现在，我们来练习一下。当我问'你叫什么名字'时，你要说什么？"和孩子每天练习几遍，直到"洋洋"成为他的一个条件化的反应时为止。

**和家人、朋友一起谈论**。给孩子多提供一些参加谈论的机会。每天可以有些这样的家庭讨论："你觉得今晚的晚饭怎么样？"或者，"给奶奶讲讲你今天去动物园游玩的情况好吗？"

**邀请小朋友来家里做客**。可以把孩子的小伙伴邀请到家里做客，"主场作战"对于害羞的孩子来说会更轻松一些。聚会的时候，集体活动应该多于一个接一个地单独表演节目，因为后者将使得孩子必须直接面对所有人。这种家庭聚会可以在家里的客厅地板上开展，准备好充足的游戏和玩具，确保将聚会进行到底。当孩子逐渐对这种交往状态表现出了适应和满足，父母就可以尝试改变活动场所，比如到别的小朋友家里或者公园、体育馆继续进行。

**千万不要叫孩子"胆小鬼"**。父母给孩子贴上这个标签的时候，无异于给了他可以继续害羞下去的通行证。孩子会觉得把自己缩进壳子里是很正常的事情，却不理解父母的目标是为他敞开主动交往的大门。常对亲戚和朋友解释说孩子很害羞，也会造成他的一种自我定义：我是一个害羞的人。这会成为他将来更加害羞的理由——虽然他自己也不喜欢这个自我定义。

## 保护易碎的心——当孩子的情绪受伤时怎么办

当孩子摔倒擦伤膝盖时，每一位父母都知道该做什么：清洗伤口，再缠上纱布。可是，当孩子情绪受伤时，父母往往就束手无策了。面对孩子反常的情绪，父母该有怎样的反应，如何去疏导呢？

**解决这个问题最好的方法就是移情。**移情就是要求父母用自己的心灵和头脑去倾听孩子的心声，让孩子知道父母理解他的感受。移情的反应，有利于孩子的自我接受，也有利于孩子对自己情绪的控制能力的发展，更有利于孩子和父母之间建立一种亲密并互相信任的健康的亲子关系。

**第一步：倾听。**当孩子悲伤、愤怒、抑郁或惊慌失措时，他所需要的也许只是父母能聆听自己的诉说。孩子可能只希望父母能够耐心听完他的诉说，不要父母对自己的表现做任何评价，也不要他们提任何建议。所以，要允许孩子尽情诉说他的感受，父母不要对他妄加评论，也不要急于着手帮他解决问题。通常，孩子需要知道的只有一点——父母关心自己，愿意花时间来听自己的诉说。所以，父母必须留意观察孩子，关注他的情绪变化。必要时，可以提一些问题引导他诉说：“发生了什么事情？”“你当时说了些什么？”“同伴们不了解你，那使你有什么感受？”要注意的是，父母在向孩子提问时一定要注意，不要使关心的询问变成质问。

**第二步：不加评论地接纳孩子的感受**。接纳孩子表现出来的情绪时，不要评价，不要歪曲，尽可能真实地描述父母所看到的事实：“小家伙，比赛输了，你很生气吧？”“看上去你的朋友令你心烦意乱。”有一点很重要，就是要恰当描述情绪感受的强度。

**第三步：如果有必要，事后引导孩子讨论他的感受**。在许多情况下，父母都不需要采取这一步。但是，对于比较严重的问题，或当孩子表现出比较极端的情绪时，父母就需要在他情绪平静下来，头脑保持清醒时，与他做一些讨论。这时，父母可以和他讲道理，探寻是什么原因导致了他产生不良的情绪。比如可以问这样的问题：“你从这次经历中吸取了什么教训？”“下一次遇到类似情况时，你可不可以用另外的办法来处理？”“对你自己的态度有什么看法？”在提这些问题时，重要的是要孩子通过自己的情绪反应，寻求解决问题的方法，而不是要让他们自我批评和反省。

**用一些副词来形容孩子情绪的不同强度**。“你的朋友没有邀请你，所以你有点儿伤心。”“你的朋友没叫你一起去，所以你很伤心。”“你的朋友不把你当朋友，所以你非常伤心。”“你的朋友没有邀请你，所以你伤心极了。”这类对情绪表现的不同反馈，有助于孩子了解自己的内心感受。就像照镜子一样，孩子通过看自己在镜子中的形象，可以了解到自己的相貌、身材等身体特征；同样通过听父母对他感受的反馈，可以了解自己的情绪状况，还可以据此对自我情绪进行修饰和改变。父母通过给孩子的情绪命名的方式来反映他的情绪表现强度，可以让孩子了解：自己的情绪是正常的，可以被别人接受。同时，它还使孩子知道，别人了解他们的感受。这是帮助孩子控制情绪的最重要的一步。

当父母对孩子的情绪状态表示肯定时，不要翻来覆去地重复一两句话，否则孩子会对这些话不以为然，甚至认为父母口是心非。

## 孩子到底怕什么——帮助孩子认识恐惧



害怕或恐惧是一个人的本能，但它是从什么时候开始的呢？目前，国外医学、心理学专家的研究表明：害怕或恐惧其实从一出生便开始了。作为父母，了解孩子的这种感觉非常重要。因为，这可以指导父母如何正确对待孩子的恐惧反应，帮助他身心健康地生长发育。

**恐惧的含义**。恐惧是对真正或可感知到的威胁做出的一种正常生理反应。当危险解除后，恐惧就会消失。恐惧可以使人做好准备避免危险，或在危险不可避免时抵抗伤害或压力。因此，恐惧对一个人的生存是有积极意义的。

**恐惧与外界环境是紧密相连的**。一个人对他在感觉和理解上的巨大差异，直接影响恐惧的出现及强度。比如，能够引起对婴幼儿恐惧的刺激，可能并不会使学龄儿童害怕。

**学龄前儿童害怕或恐惧的特点**。学龄前儿童存在的害怕或恐惧，一般情况都较轻微，并伴有年龄特点，也是暂时

的。有些恐惧会随着孩子的正常发育过程消失。不同年龄的孩子会有不同的害怕对象，某个年龄段存在的恐惧特定内容以及恐惧强度，取决于每一个孩子的学习和体验的历程。随着他们认知水平的提高、经验的积累，会掌握更多的经验来判断新环境是否具有新奇性或威胁性，对这些环境的反应也会随着年龄而改变。

美国著名的儿童行为学家伊格尔和爱姆施在《儿童的行为》一书中说：“每个孩子的恐惧，固然各有不同，但是一般说来，每个年龄似乎有相似的带有特征的恐惧。”

**初生期**：在婴儿睡觉时，如果突然在他旁边大声地拍巴掌，或是将他盖的被子拉开一角，他的手脚就会受惊地收缩，或者大哭。

**6个月左右**：开始能辨认亲人和陌生人，看见陌生人靠近会紧张得直往妈妈怀里躲，要不就大哭。

**1岁半左右**：和妈妈建立了密切的依恋关系，看见妈妈穿上外套准备外出时，会明白妈妈要离开自己了，也会恐惧地又哭又闹，因为他不知道妈妈还会不会回来。

**2岁**：想象力开始丰富的年龄，而且分不清生命体和非生命体的区别，产生多为听觉上的恐惧，如火车、卡车隆隆开过，轰隆作响的雷声，甚至害怕抽水马桶的冲洗声，吸尘器发出的声音。视觉上害怕深颜色的、巨大的物体，像墙上的黑影。另外，这个年龄的孩子会做噩梦了，会害怕、惊醒，哭个不停。他们还害怕搬家，害怕住陌生的房间，比如旅馆。

**3岁**：想象力更加丰富，视觉的恐惧较多。脸上有很多皱纹的人、假面具等会被他们当作“妖怪”。怕黑暗，怕动物，怕警察，怕小偷，甚至怕妈妈或爸爸在夜晚外出。

4 岁：想象力依然丰富，联想能力也不断发展，知道一些事，可又不全明白，所以一点儿小事就会使他们浮想联翩，害怕的事情很多。怕消防车和警车的警笛，怕黑，怕野兽，怕妈妈在夜间外出，怕妈妈不回家，怕有人躲藏在床底下。

5～6 岁：怕神怪，怕鬼和女巫，怕迷路，怕森林，还对自然力量产生恐惧，怕火、水、雷、电。

了解了孩子恐惧的特点，父母就可以有针对性地帮助他摆脱恐惧了。



## 孩子，别害怕——让孩子变得勇敢

那些来自周边环境的恐惧压力常常搅得孩子不得安宁，有时候，哪怕一条渺小得不能再渺小的小虫子也可能令他害怕得大惊失色，甚至大哭大闹。可是无论妈妈怎么解释，小家伙的小脸上都布满着浓郁的恐怖色彩。怎样让孩子恐惧的心灵全面放松呢?

**坦然接受孩子的恐惧**。尽管孩子的恐惧有时候看起来很愚蠢，很没有理性，但必须知道，他的恐惧仍是真实而严重的。因此，当孩子哭着跑过来告诉父母他害怕某个东西，如抽水马桶、汽笛等，一定要注视他的双眼，认真地听他倾诉感受。让孩子说出他的恐惧，指出令他恐惧的东西有助于克服恐惧。相反，尽力回避孩子所恐惧的东西，那些恐惧的感

觉却并不会真正从他的内心消失。千万不要因为那些听起来很可笑的感受，就粗暴地嘲笑孩子，也不要试图一味地向他解释那些东西其实并不可怕，没有任何理由感到恐惧。这样做，只会让孩子对自己的感觉产生怀疑，感到更加不安和恐惧。最好的做法是：以理解与平静的态度面对孩子的恐惧，让他明白恐惧很正常，父母理解他的感受。

**帮助孩子放松**。恐惧发生时孩子会有些身体的自然反应动作，比如肌肉绷紧，牙根紧咬，双手紧紧攥着。此时父母应该鼓励他放松肌肉，和他一起放慢呼吸是最好的方法。用一切方法帮助孩子放松，直到战胜恐惧。在这个过程中，父母要接受这样一个事实，有时候孩子克服对黑暗的恐惧会有一些困难，但是最终还是能战胜它的。

**使用夜灯**。也许孩子的房间暂时需要一盏小小的夜灯，或一个能在黑暗中发光的电插座。设计如此一个小小的灯光投影，已足以使孩子安心了。随着孩子自信心的增长，害怕黑暗的心理也会逐渐减弱。此时可以开始试着减少夜灯开启的时间，每晚切断几分钟夜灯，并将时间逐渐延长，直至孩子完全不需要它。

**让安慰物带给孩子安全感**。很多孩子无论走到哪里都喜欢拖着一条褴褛的小毛毯，或者抱着一只破败不堪的毛毛熊。其实，这些物品可以让焦虑的小家伙处在陌生环境，或在感觉恐惧时安定下来。如果孩子依赖他的安慰物，那就让他带上好了。因为这条褴褛的小毛毯或破败的毛毛熊，可以帮助孩子摆脱内心的恐惧与焦虑。一般到 4 岁左右时，孩子对安慰物的依恋就会减轻，会开始尝试以别的方式来缓解自己的恐惧感。

**帮助孩子正确认识事物。**等孩子的情绪稳定下来后，父母可以陪着他一起慢慢认识让他感到恐惧的事物，帮助他认识事物的功能和名字。随着对事物的深入了解，孩子自然就不再害怕了。万一父母竭力开导、耐心解释，孩子依然心存恐惧，也不要着急，更不要生气，要给他一个安慰，给他一些时间，让他慢慢探索，慢慢理解。

# 第四章　越来越不听话和日渐发展的叛逆

## ——沟通从牙牙学语时就开始

亲子关系不良一直是家庭教育过程中不少为人父母者心中最尖锐的“痛”，而人际关系不良也是当代青少年社会性发展的突出问题。让孩子从小学会与他人沟通，懂得理解和包容他人，不仅是孩子健康成长发展的必需，也是父母给孩子的一份人生财富。而这一切，需要从婴幼儿时期就开始。

## 与孩子做朋友——亲子沟通的原则

父母需要和孩子沟通，可怎样沟通才有效呢？在解决具体的问题前，最好先来了解需要掌握的几个原则：

**对孩子说的话要清楚、具体，而且叙述内容不要太复杂**。说话要清楚，除了口齿清晰以外，最重要的是用词不要太抽象，而且要浅显，要在孩子可以接受、理解的范围之内。最好的方法是对孩子讲一个跟这个观念相关联的故事，同时和孩子讨论故事中的人物所说的话和所做的事，来帮助孩子思考，这样就比一般的教育要具体生动。

**不要让情绪问题左右亲子间的沟通**。因为情绪会影响到每一个人说话的态度、表情和语气等。所以，当父母已经被激怒的时候，暂时不要处理孩子的问题，以免变成破坏性的沟通。因为这种沟通往往是叫骂、唠叨、抱怨，只会让孩子更排斥父母。

**倾听孩子的声音**。在亲子沟通过程中，不要只顾自己长篇大论地说个不停，要多停下来看看孩子的表情和反应，听听孩子是怎么讲的，怎么想的。

**善于发现**。发现是沟通的关键。父母在倾听的过程中，不但要认真倾听，而且要善于思考，注重在谈话中发现孩子的闪光点。比如，发现孩子能够独立地讲述简短的故事时，要及时给予赞赏："你讲得真不错！"还要注意培养并保护孩子的自尊心，不能一味地说教、指责，要"哪壶先开提哪壶"。这样，孩子不但愿意经常和父母沟通，还能提高沟通的质量。

**要童心未泯**。父母如果没有一颗童心，总是高高在上，就很难和孩子交知心朋友，也就谈不上真正的沟通。这就要求父母和孩子谈话时，要以孩子的心态和孩子能理解的语言进行。孩子做游戏时，父母也可以与他一起游戏，一起比赛，使孩子觉得父母就是他的朋友和伙伴，沟通自然也会水到渠成。

**坦诚面对自己的感受，也尊重孩子的感受**。多用"我"的信息沟通，少用"你"的信息沟通。当孩子做了让父母失望的事、说了让父母伤心的话时，要能坦诚地面对自己失望、伤心的感受，想想最坏会到哪种程度，把自己的感受告诉孩子："我听了你的话好难过，觉得自己很不受尊重。"而不是指责、批评他，"你怎么可以对我这么不礼貌？"

**多用正面的话、少用负面的话进行沟通**。跟孩子沟通时不指责、不批评，不使用恶言恶语。把他做对的和做错的地方都告诉他，并指导他怎么做才能改正错处。

**凡事看光明的一面**。允许孩子暂时表现不好，沟通时就不至于剑拔弩张。

**跟孩子沟通不需要预设立场**。更不要把他的动机掀出来。比如，"你故意要气死我是不是？"这种话最好不要说。

父母必须了解：良好的亲子沟通，必须经过长时间的练习，把相互的爱和关心在日常生活中“练习并沟通出来”。亲子沟通最好从小的时候就开始练习。如果以前疏忽了，没关系，从现在开始也不晚。只要父母坚持去做，就会有成效。

## 让孩子甘愿受罚——处罚孩子的哲学

有个孩子，3 岁前以爷爷奶奶带为主。两个老人很宠孩子，家里条件很好，孩子从小要什么都能得到满足。有时候不给，孩子一闹，东西就很快到手。孩子 3 岁后以妈妈带为主，他还是用对付爷爷奶奶的方法对付妈妈。妈妈又是讲道理，又是打，却没有任何用处。问题主要出在妈妈的态度不坚决，讲完了、打完了，最后还是满足了孩子的无理要求……所以说，惩罚是一种教育手段，也是一种微妙的家教艺术。

**犯了错误就要惩罚**。孩子犯了错误，无论有心还是无意，都要受到惩罚。比如：孩子不小心把杯子摔碎了，虽然不是故意的，但也应该告诉他，这是他的过错。孩子虽没有料想到自己行为的后果，但仍要为此道歉。如果他是无意的，并勇于承认错误，父母要相信他，并减轻对他的惩罚；如果他隐瞒事实、逃避责任，那就要受到加重的惩罚。这样就可以从小培养孩子诚实、负责的好品质。

**父母要学会制怒**。面对孩子做了错事，父母首先要学会控制自己的愤怒情绪，先想想为何孩子需要以不当的手段

（如欺骗）来获取他想要的东西，或掩饰他的错误。

**给孩子解释的机会**。孩子犯了错误，父母在惩罚前应询问孩子为什么这么做，给孩子解释的机会，借此了解孩子做错事的原因，再有针对性地指出孩子的错误，并且适时教育，纠正其偏差的观念及行为。

**重申原则**。父母须再一次明确地告知孩子：这种行为是错误的、不被允许的，并让孩子明白这种行为将会受到处罚，以后不能重蹈覆辙。

**要依照规则进行惩罚**。父母应和孩子协商制订一个奖惩规则，让孩子知道犯错后将受到什么惩罚。这样，孩子平日就会有所注意，从而减少犯错误的次数。当孩子犯错后，父母应首先注意调整自己的情绪，不要因一时冲动而随意惩罚孩子。若是孩子以后犯了同样的错误，也应该按规则进行和以前相同的惩罚，这样父母才能在孩子心中树立威信。

**彻底执行处罚**。经过事前沟通及事后检讨，父母一定要彻底执行对孩子的处罚，使孩子真正体会父母的教育原则，并避免再次发生同样的错误。

**事后修补关系**。处罚事件过后，父母要找机会跟孩子沟通，让孩子感觉到这次处罚只针对错误行为，并不会影响到亲子之间的亲密关系，同时也维护了孩子的自尊心，不致让孩子因为犯一次错就失去了自尊与自信。

**事后说理不可无**。惩罚之后必须要及时向孩子说明道理，否则，孩子可能在忍受了惩罚之后将依然如故。所以，父母在惩罚孩子后要通过说理、剖析的方式，使他明白为什么会受罚、知道犯错误的原因，认识清楚如果坚持犯错下去将有什么后果。惩罚只是一种劣性条件刺激，其效能是短时的，不能持久。受罚的孩子改正了错误并不等于他已明白事理，更不能保证他下次不会再犯。因此，让孩子明白自己受罚的原因才是根除错误的关键。说理是惩罚孩子之后不可或缺的一个重要步骤。

**最忌讳讽刺挖苦**。父母惩罚孩子应力戒讽刺挖苦，更不能自恃“孩子是我生的、是我养的”，进而随意用恶毒的语言指责、谩骂孩子。实践证明，讽刺挖苦和恶语谩骂已超越了孩子的理智能够接受的范围，将会深深刺伤孩子的自尊心。因此，父母应该牢记惩罚孩子的目的是帮助他改正错误，绝不是为了刺激孩子的自尊心。有些父母在惩罚孩子语言不文明、满口脏话时，自己竟然也“出口成脏”，这就使得训教效果大打折扣，甚至失去说服力。



## 表扬中有大学问——如何表扬更有效

俗话说：“数子十过不如奖子一功”。“赞扬如阳光，批评如利剑”。但对孩子的表扬也并非是多多益善。赞扬也像服药一样，不能随便乱用，它也有关于时间和剂量的规定，也有使用的禁忌规则等。

那么，怎样表扬孩子才能收到良好的教育效果呢？父母应注意做到以下几点：

**表扬不要过滥**。孩子做出值得表扬的事情，才能给予表扬。这样才能给孩子留下深刻印象。

**表扬要具体**。父母应特别强调孩子令人满意的具体行为，表扬得越具体，孩子对哪些是好行为就越清楚。比如，两个孩子在一起玩耍，其中一个摔倒了，爬不起来就哭了。另一个于是跑过去把他扶起来，帮他拍净身上的土，又把小伙伴送回家。如果父母只是说“你今天真乖”，孩子可能不明白“乖”是指什么。父母其实可以这样说：“你今天把小朋友扶起来送回家，做得很好。妈妈很高兴。以后和小朋友在一起玩耍，就要像这样互相关心、互相帮助。”用这种方法既表扬了孩子，又培养了孩子关心别人、助人为乐的良好行为。

**要及时表扬**。如果孩子做了某件好事，父母就应立即表扬，不要拖延。否则，时间过长，孩子对这个表扬不会留下什么印象，更起不到强化好行为的作用。

**表扬的方式要恰当**。孩子的年龄、性别、性格、爱好不同，他所需要的表扬方式也不尽一样。小孩子大多喜欢父母的搂抱和爱抚；而对稍大的孩子，一个特定的手势、一个微笑、一个眼神都是表扬的方式，表扬方式应因人而异。表扬的方式长期重复也会失去效用，所以表扬也应注意要有新意。

**尽量避免当众表扬孩子**。许多父母都喜欢当众表扬孩子，夸赞孩子的某些特长，甚至让孩子当众“表演”，并认为这样做可以增强孩子的自信心。其实，这种表扬很容易造成孩子爱慕虚荣、骄傲自满的倾向。一些被当众夸惯了的孩子，有一点儿好的表现偶尔没被父母注意到，就会感到委屈，甚至有的孩子为了表扬而弄虚作假，这样对孩子的成长非常不利。

**表扬孩子的点滴进步**。在生活中，肯定孩子的点滴进步是巩固孩子好的行为、形成良好习惯的重要手段。如果孩子的东西用过后乱扔，父母可以要求他把自己的东西整理好。当他只要能整理好一件东西，也应及时给予表扬——“你这样做真好，若能把其他东西也收拾好就更好了”，这样孩子就会乐于接受，并逐渐巩固自己的好行为，形成好习惯。

**表扬和批评的反差要“大小”适度**。表扬不仅具有激励、引导的功能，而且具有批评功能，例如对甲的表扬在某种意义上就是对乙的批评。有的父母为了督促孩子进步，总是过分笼统地夸奖别人家的孩子如何好，时间长了，无疑会使自己的孩子丧失信心或产生抵触情绪。

**表扬与奖励相结合**。孩子表现得好，可以适当地给他一些精神奖励和物质奖励，如给孩子讲一个有趣的小故事，或奖励一个小玩具、小食品等，以鼓励孩子继续努力。

## 孩子，请说出心里话——九招让孩子倾吐心声

很多父母都希望孩子对自己无所不谈，但现实却是，孩子不敢也不愿向父母倾吐心声，当妈做爹的往往是最后才知道孩子的心事。现在教给大家九招，让孩子肯于对父母开口，倾吐心声。

**少用否定词**。不管是不是孩子的错，只要他把做过的事情告诉父母，就是一种可喜的现象，就值得肯定。如果父母想要孩子把发生的事告诉自己，批评或者一味地否定可不是好办法。因此，对孩子倾吐心声的行为要充分给予肯定，孩

子下次再遇到事情，才会第一时间向父母倾诉。

**不要妄下定论，引导孩子自己解决问题**。父母不要过早地下结论，要等待孩子把事情全部说完。同时更重要的是，引导他们自己发现问题的答案或者解决办法。随着孩子的不断成熟，父母应越来越走到幕后，给孩子自己思考解决问题的机会。

**创造机会**。“孩子，来我书房和我谈谈!”如果亲子间的谈话是这样开始的，结果往往是：说话的只有父母。然而，在从幼儿园回家的路上，或周末一起吃饭时，那时才是孩子滔滔不绝、喋喋不休的时候。要想多了解孩子的生活，就要多创造这些对他们没有压力、能和父母一起活动的机会。当父母真的需要问问题的时候，也要少用“为什么”，这个词往往会激发他们的逆反心理。

**控制情绪**。即使对孩子感到失望时，父母也不能让这种情绪表现出来。否则，会造成以后他只报喜不报忧的后果。

**选择时机**。孩子在一家人围在饭桌前吃饭时，特别有兴致想谈谈他在幼儿园的趣事。如果父母一味地为了维持“吃饭时不可以说话”的老规矩，就扼杀了孩子倾诉心声的兴致和机会。大人们总计划着下一步，而孩子们多注重现在，要遵守他们的时间表。

**奖励诚实**。当孩子做错了事时，父母必须首先对他承认错误的诚实表示肯定。孩子最担心因为自己的错误行为而失去父母的爱，所以父母更要特别注意鼓励和引导他养成主动承认错误的好习惯。

**给孩子适度的隐私空间**。即使面对最开放、最著名的父母，孩子还是有他自己的秘密。随着不断长大，他开始学着和父母分离，越来越多地依靠朋友。父母应该做的只是让他知道，如果他需要，父母会永远在他身边。

**替孩子保密**。想象一下，自己最好的朋友把你告诉她的最隐秘的事传给了其他人，你的感受会怎样？孩子也是一样，这可能正是父母失去信任最快的途径。

**做好事后弥补**。父母不是圣人，也有犯错误的时候。很多父母为了在孩子面前不失掉面子，往往极力隐瞒自己的错误，产生的效果往往适得其反。因为眼前的不诚实行为，父母在孩子心中的威信就会大打折扣。因此，当父母犯错误的时候，及时弥补就显得极为重要。要肯于放下架子，真心向孩子承认错误。

## 如何与1岁大的孩子沟通
### ——对1岁孩子的语言培养

和1岁大的孩子交流是一件复杂的事情：虽然父母又是解释，又是比画，可他好像根本没听懂，照样我行我素。这不是父母的表达能力出了问题，很可能是没有选择那些小家伙容易理解的词语。在跟1岁大的孩子沟通的时候，最重要的是要选择使用恰当的、有效的词语。

**教给孩子一些描述心情的词语**。1岁孩子要发脾气时，比如吃饭的时候因为不能把手中的勺子用得像爸爸妈妈一样顺手，他可能会把饭桌上的碗筷统统扔到地上，甚至大喊大叫。这时候父母应该找些其他玩具吸引他的注意力，先让他平静下来；然后蹲下来和他保持同一高度，注视着他的眼睛，尝试着把他的感受说给他听："这个勺子让你很生气！"这句简单的话，可以帮助孩子明白：刚刚那些强烈的、不好受的感觉原来叫作"生气"。

**简洁地向孩子描述安全词语。**向孩子讲述关于注意安全问题的时候，要注意用词简洁，尽量只用几个词，比如"烫"、"危险"。另外，在提醒孩子的时候，爸爸妈妈不要总使用"不"这个词。如果孩子经常听到"不"，他的心情就会变糟，对任何事情都会失去兴趣。

**用肯定的语气要求孩子。**如果想让孩子做诸如洗澡、吃饭这些他必须做的事情，父母最好使用一些肯定句，"你该洗澡了"、"现在要吃饭了"……对这些孩子每天都要做的事情，父母最好坚持原则，肯定的语气能让孩子理解这是他应该做的事。如果只是询问孩子想不想这么做，让他有所选择的话，孩子就很可能选择不做这些事，这会造成父母与孩子之间的冲突。所以此时应该秉承的原则是："不要询问，只需告知。"

**向孩子解释时间时可以用先后顺序来代替。**专家认为，1 岁左右的孩子对时间概念还很模糊，根本不知道 10 分钟有多长。如果父母说"10 分钟后我们要去奶奶家"，这句话对他来讲并没有意义。所以向他说明时间时，最好用描述一系列事件来代替时间的概念——向他解释最先发生什么，接下来要发生什么。比如上面"10 分钟"的概念，就可以解释为："我们先收拾一下，然后穿上衣服就可以出发了。"

**教会孩子学会选择。**让孩子对自己日常生活中一些无关痛痒的事情自己做个简单的选择。比如，在他穿衣服的时候，父母可以问他：“你想先穿袜子还是先穿裤子?”虽然这只是把对孩子生活的控制权交出一小部分给他，但对他来说，父母的这句话大大增强了他对自己有能力做好这些事情的信心。要注意的是，让孩子做这种选择在两种事物之间进行已经足够了，因为小孩子的知识范围和记忆力很有限，他还不能对很多的事物保持很长时间的记忆。

**对付饭桌上的坏习惯，语言要简洁。**吃饭的时候孩子总是摆弄食物而不专心吃饭，父母只需要一句简单的“你边吃边玩，别吃了”。因为如果孩子不再专注吃饭，说明他已经吃饱或者并不饿，再强求他吃东西，他反而不能接受，不如顺他的意让他玩去。这样孩子会觉得父母很理解他。只是别忘了，说话的时候要保持一种心平气和的语调，然后陪着他离开餐桌。

**多对孩子说些鼓励的话，如“你喜欢……你真棒”。**即便是很小的孩子，也会喜欢别人对他说一些积极的、鼓励的话。虽然孩子对父母说的话不是都明白，但他可以从父母说话的声调、节奏和神态中猜出“好、棒”是在表扬他，而且心里美滋滋的。实际上父母表扬和鼓励孩子的这些话对他来说也是一种强大的动力，促进他超前一步理解父母的意思。

**新角度教孩子说单词。**或许很多父母已经教给孩子一些概念性的词语，但实际上他对这些词只是很浅层的记忆，因此就需要父母经常帮他重复这些练习，并给他一些实物作为参照。比如每次给他读书的时候，可以指着书上的图片告诉他“这是小羊、这是小脚丫儿”。或者和他一起散步的时候尽量使用一些描述性的语言，比如“看那高高的树上长着红色的叶子”，帮他从一种新的角度来看世界。

## 倾听孩子——听出孩子的“心”

有些父母时常抱怨孩子什么都不愿和他们说，没法和孩子沟通。其实这是父母没给孩子说话的机会，没有好好倾听孩子的话。那么，如何做一个善于聆听的好父母呢？

**认真倾听，及时肯定**。这样做，在倾听中可以培养孩子的成功感，激发他说的兴趣。当孩子见到了美好的事物，他会兴奋地告诉父母。这时，父母要认真地欣赏，并用眼神告诉孩子自己在认真倾听；当孩子讲了一个幼稚的故事，父母也要耐心地听完，哪怕他已经讲过好几遍；同时还要鼓励他更出色地讲述，让他感到自己语言的魅力。当孩子受了委屈向父母倾诉，不要不耐烦，要让他说完，让他宣泄，让他感到父母很重视他。

**引导和帮助孩子把话说完，完整、丰富、准确地表达有关意思**。随着孩子的生活经历日渐丰富，交往面日渐扩大，他想说的话也就越来越多。但由于他掌握的词语还很有限，因而往往语言不完整、不丰富，甚至不准确。父母在听他说话的时候就需要帮助他扩充词汇、加长句子，引导他完整地、丰富地、准确地运用语言进行表达。

**对孩子的错误表达要耐心地倾听，不打断、讥笑孩子，并巧妙地给予纠正**。当孩子答错问题时，父母要鼓励他“再想一想，再说一次”，用足够的耐心引导孩子多想多说，而不能打断、制止孩子的话语。另外，对口齿不清的孩子，父母绝不能取笑，而要耐心地听清楚，并认真和他交流，让他倾听父母的话，在不经意间学习、模仿父母的发音，改正自己表达时欠妥的地方。

**做出听的姿势**。一定要与孩子平视，不可居高临下。身体要稍稍向前倾，这是表示有兴趣的姿势。不要制造“墙壁”，如用手捂着嘴巴，两手抱着胳膊，或翻看着书。这些举动对孩子来说，都是一种障碍。要用眼睛“听”，即睁大眼睛看着说话的孩子，很自然地用眼睛来表达自己的兴趣和愉悦。

**表现出听的兴趣**。谈话中最扫兴的是听到对方说：“我早就知道了。”父母这样对孩子，就缺少尊重。孩子才说两句，大人就不耐烦了：“知道了，早知道了。别烦我！”“该干吗干吗去吧，谁有工夫听你神侃！”于是，孩子变得十分扫兴。

**将父母专注倾听的态度传达给孩子**。送给孩子最好的赞美，是让孩子知道他所说的每一句话，父母都认真听到了。使用表情变化来传达，比如，保持微笑，并常常做出吃惊的样子。孩子最爱吃惊，用大人的话就是“大惊小怪”，希望看到大人对自己所说的事情表现出吃惊的样子。能把大人吓住，也说明自己很有本事。在倾听孩子谈话的过程中，用简单的诸如“太好了！”“真是这样吗？”“我跟你想的一样。”“你的想法太好了，请继续说！”“我简直不敢相信！”等等话语来表示父母的兴趣。

另外，孩子不爱说话原因有很多，如性格内向、胆小、紧张等。在这一类孩子面前，父母要主动与他多说话，引导他产生交流的愿望；当孩子说的时候，父母更要耐心地听，边听边猜，边听边帮助他放松情绪，使他逐步产生想说的愿望，说出心里想说的话。

## 交谈——沟通中的一门艺术

“妈妈，你快来看，这是什么?”

“别啰唆，还不赶快吃饭!”

“哎呀，牛奶倒翻了。”

“你怎么总是笨手笨脚的，什么都做不好，快走开!”

“妈妈，你快看我……”

“你爬，有本事再爬高点儿给我瞧瞧……”

这些对话，都来自父母与孩子的日常生活。

交谈是家庭生活中必不可少的一项内容，更是家庭教育中必不可少的重要手段。而如何与孩子交谈，却是一门艺术和学问。

**要舍得花时间与孩子交谈。**通过交谈父母不仅可以及时了解孩子的想法与表现，或者灌输家庭教育的一些观念，还可以促进孩子的智力发展。

**可以利用晚餐时间交谈。**让孩子养成良好的用餐习惯和交谈习惯，并在用餐前提醒他。如果孩子心中牢记以下三种好习惯，就会有高质量的谈话。这三种习惯是：在谈话中不要打断对方；当别人在讲话时要仔细聆听并注视着对方；不要有无礼的回答。

**不要随意交谈，而是选择一个话题。**

**改变形式。**互动式，你一言我一语的谈话风格通常更自然，这样大家在一起可以自由地交谈，即兴表达自己的想法。

**了解孩子想谈什么。**了解孩子近期对什么感兴趣，小到小猫小狗这类的小宠物，大到未来梦想，只要孩子感兴趣，都可以是谈论的话题。关键是要让孩子开口，让他充分表达自己的想法。

**创造良好的交谈氛围。**家庭谈话需要的是一种互相尊重和关爱的气氛。呵斥、威胁、讽刺挖苦，这是务必要避免的。

**耐心当好孩子的听众。**无论孩子讲什么，都要表现出认真聆听的样子，让他感觉到父母很喜欢听自己说话，以此激发孩子表达的欲望。在孩子漫无边际的讲述中，父母可以了解他的真实想法。在他针对某件事的辩解中，也可以搞清事情的真正原因，便于说服教育。

**交谈应有的放矢，因地制宜。**与孩子交谈必须要有针对性，交谈的内容和方式应根据孩子的特点，有的放矢，因地制宜。比如春天到公园里游玩，可以给孩子讲讲花草树木发芽吐蕊的知识。秋天在路边散步，可以跟孩子说说落叶纷飞、五谷丰登的道理。夜晚与孩子聊聊月亮的话题，白天给孩子讲讲太阳的知识。这都是因时因地而异的有针对性的交谈。除此以外，还要根据孩子的兴趣和当时的情绪状态以及事情本身的特点等，来选择不同的谈话方式。

## 当孩子让父母生气的时候
### ——如何做好应对冲突的准备

看着孩子渐渐长大是每一个父母最大的喜悦和乐趣。笑、翻身、爬、坐、走、说话、跑……逐渐从一个软软的、只会哭的小婴儿长成了“小人儿”。但是，随着孩子自我意识和独立性的发展，他逐渐有了自己的主意和想法，与父母之间的冲突也越来越多。父母也会觉得孩子没有以前好摆弄，不听话了。那么，与孩子发生冲突，孩子让父母生气的时候，应该采取什么样的策略呢？

**防患于未然**。对亲子冲突要尽量避免。很难奢望两三岁的孩子能控制自己的行为，对自己的行为负责。所以，应该防患于未然，给孩子创造一个有准备的环境，把不希望他玩的东西收起来，尽量减少发生冲突的机会。

**对冲突采取“冷处理”的方式**。当孩子惹父母生气时，最好先要采取暂时退避或保持沉默的态度，这样可以使孩子认识到事态的严重性，又避免了父母与孩子间的正面冲突，还可避免因在气头上说出过头的话伤害到孩子。

**表明态度**。当孩子惹父母生气时，要向他及时表明自己不高兴的态度，例如告诉他，“你这样做妈妈很不高兴”、“妈妈要生气了”，让孩子知道他做了不对的事情。但是要记住，父母不能用伤及孩子自尊心的言辞，比如“你这个小浑蛋”之类的话。同时，父母要注意应该立足现在，就事论事，而不要将孩子以往所犯的错误一一列举，更不要当着众人的面数落孩子，这会使孩子感到脸面过不去进而产生逆反情绪。还可以和孩子有个事先约定，当父母生气时用某一个特殊的手势或动作作为暗示，比如用右手食指点一点左手的手心等，以后孩子只要看到这个动作就会意识到父母已经生气了。

**采用必要的惩戒**。如果已经向孩子表明了不高兴的心情后，孩子还不停止淘气，那就需要向他宣告父母即将采取的行动：“你再这样的话，今天晚上就不给你讲故事了。”“再这样把玩具到处乱扔，我就要把它扔出去了。”这样既可以减少由于愤怒带来的心理压力，也可以使孩子懂得自己的行为要有分寸。如果孩子还不听话，那就只能采取一些处罚措施了。

**注意恢复情绪**。生气过后也不要忘了尽快恢复情绪，大人需要自我调整，而对孩子，可以给他一个拥抱或一个吻，或是一句“妈妈爱你”，让孩子懂得父母生气是因为他的不恰当的行为，而不是因为他本人，妈妈和爸爸还是爱他的。

**制订好家规**。在制订家庭规则时，父母必须确定在他们的家庭事务中，哪些是执行起来没有任何商量余地、必须认真遵守的家庭规则，哪些是执行起来比较灵活的家庭规则。

**了解孩子**。要想很好地教育孩子，父母必须放下成人的自以为是，多一些了解孩子。许多父母的顾虑是，不管孩子怕他太放纵，管教孩子又怕压抑了他的学习热情和创造性。

在这种情况下，父母更应该放下成人的自以为是，充分了解孩子，判断孩子的行为需不需要受到管束。

## 如何对孩子说“不”
### ——引导孩子懂得拒绝和禁止

“厨房很危险，不能进去”、“宝贝儿，不可以那么靠近电视机”……对于家有小孩子的父母亲来说，以上几句话应该一点儿也不陌生。大家可曾仔细算过，一共对家中的小淘气说过多少个“不”字。如何用好“不”，使用“温和坚定”的态度来引导孩子懂得拒绝和禁止，有很大的学问。

**搞清楚对孩子说“不”的意义**。从幼儿发展的理论来看，“不”对孩子而言，代表着两种不同的意义：一是孩子听不懂，无法理解照顾者或者父母亲说“不”是什么意思。如果父母又常以半开玩笑或微笑的方式说“不”，则孩子会更弄不清楚“不”到底代表了什么意思。这样一来，对他的行为自然就没有约束力。二是孩子知道，但做不到。虽然这个时候孩子可以理解口语中“不”所代表的意义，但是缺乏管束自己的能力，还是没办法遵守。小小孩儿在道德发展上还处于“他律期”，常常要靠着他人的规范度日。这个时候，父母亲大声地对他吼叫说“不”，还不如采取温和的方式约束。

**不要与孩子讨价还价**。许多父母习惯说“吃不完饭就不许看动画片”，这对孩子的影响其实很坏，因为他会效仿父母动不动就讲条件。也不要对孩子说“这样爸爸妈妈会高兴的”之类的话，孩子为讨父母的欢心很可能会撒谎或干出其他的蠢事。

**不能对孩子施以报复**。有些父母常说“你不听我的话，我也不满足你的要求”，殊不知父母会因此失去威信，并诱发孩子产生报复心理。

**父母双方要保持一致**。当父母中一方拒绝孩子的要求有不合理的地方时，另一方也不要当着孩子的面反驳，否则容易养成孩子在父母双方之间投机取巧的不良倾向。

**向孩子说明拒绝的理由**。父母对孩子说“不”之后，最好耐心向他解释拒绝的理由，让孩子明白“不”的道理。

**某些生活小事可与孩子共同商讨**。比如，对孩子日常生活作息时间的安排可征求他本人的意见，但父母必须掌握主动权，不能与孩子无休止地讨价还价。

**令行禁止**。如果说“不”后，父母又对孩子做出妥协或让步，这不仅会失去父母的威信，还会使孩子沾染上不守信用的不良习气。

**黑脸、白脸的角色扮演法**。在对孩子说“不”时，为了达到效果，还可以使用一些小技巧，比如黑脸、白脸扮演法，但要注意角色的分配。黑脸白脸的扮演问题上，父母亲不应彼此混乱和矛盾。所谓的黑脸，是制订规则、决定处罚的一方；白脸则是用较温和的态度，帮助孩子了解为何需要遵守规则，为何会被处罚，然后，帮助他找到比较正向的认识。家庭中夫妻双方必须事先取得共识，由固定的一方制订规则；规则一旦制订，另一方就一定要支持这些规则，让孩子从小就知道规则就是规则，没有漏洞可钻。

## 蹲下来，与孩子平等——做尊重孩子的父母

亲子间良好的沟通，首要前提是父母要懂得尊重孩子。双方处在比较平等的地位上，才能达到很好的沟通效果。父母不妨蹲下来，看着孩子的眼睛，尊重就从平等对话开始做起。

那么，怎样做一个尊重孩子的父母呢？

**把孩子看作是一个独立平等的家庭成员**。充分尊重孩子的感情与需要，无论他做什么事，首先必须给予足够的尊重。

**称呼孩子的名字**。而不是随便叫“你这臭孩子”、“你这个坏家伙”、“你这个小笨蛋”等。

**不要随意拿别的孩子做比较**。这种比较的后果是非常可怕的，会让孩子认为父母更喜欢别人而不是自己。有些孩子一直到长大后仍怨恨父母，正是由于这个原因。

**在任何时候都不要当着他人的面，包括家人的面训斥孩子**。自尊心是建立在他人评价的基础上，如果自己的“糗事”被他人知道了，孩子会感到脸上无光。

**经常表示喜欢自己的孩子**。不要为一件小事在早餐时批评个没完，这样做的后果是孩子的情绪会在一天里都郁闷低落或怒气冲天。

**父母做错事时要向孩子道歉**。这才是真正的尊重。孩子做错事是经常的事，重要的是应该平静地告诉他怎样做才是对的。错误是成长的经验，从错误中应学会什么是正确的，

要给孩子树立这样的正确理念。

**不要大声训斥孩子**。与孩子讲道理的声音应是平和、低声的，只要他听到就行了，重要的是表达出父母的观点和想法。

**学会使用“我信息”，而非“你信息”的表达和建议方法**。比如看到孩子把家里的布置搞得非常乱，父母的错误表达是：“你这个坏孩子，把屋子搞得这么乱，快收拾起来，不然看我怎么收拾你!”正确的表达是：“孩子，我非常不喜欢屋子这么乱，我想你也喜欢干净整齐的房间。当你玩完玩具以后，我希望屋子里还是整齐的，这样你下次找玩具就更容易了。现在开始把玩具都放回原处吧。”“我信息”要求首先表达自己的感受，引发孩子的认同感，然后表达正确的行动建议。

**重视孩子的需要**。不要忘记履行自己的诺言。

**尊重孩子的表现与行为**。重视他们的看法和观点。

**寻找机会与孩子进行平等交流**。不要选择指责式的“唠叨”。尽管父母有教育子女的权力，但权力不是等级。孩子渴望受到尊重和理解，父母只有放下长者的架子，蹲下身来，与孩子进行平等、耐心的交流和对话，让孩子感觉与父母没有距离感，才能在最大限度上使自己的意见被孩子理解和接受。若一味地苛求、指责，不容倾诉和申辩，孩子就会离父母越来越远，言语也会越来越少。

**成为孩子的朋友**。互相信任，共享快乐，但这种友谊不是绝对“平等”。父母应当是一名“船长”，可以听取“船员”的意见，但最终决定航向的仍然是“船长”。

学习一些儿童心理学、教育学的知识。父母要在心理学、教育学的知识基础上，适时对孩子使用合乎其年龄特点的教育方式，并对孩子成长中出现的问题进行理性的思考，从而使孩子少走一些弯路，会令孩子成长得更加健康。

## 树立父母的威信——强大的教育力量

在现实生活中，时常可以听到父母有诸如此类的抱怨："我那孩子越来越不服管教，大人的话他总当耳旁风。""这孩子没大没小的，动不动就对我们发脾气。"究其原因，父母在孩子面前缺乏威信是关键。

在家庭生活中，父母的威信是一种难以估量的教育力量，是父母对孩子有效地进行教育并使孩子自觉接受的重要前提条件。如果父母在孩子面前毫无威望与信誉，孩子对父母缺乏应有的尊敬、信任和服从，那任何教育方案都无法实施，更谈不上良好的教育效果了。

首先要弄清的是，究竟什么是威信呢？简单地说，威信是父母与孩子之间的一种积极而真挚的情感联系，具体表现为父母对孩子的尊重和孩子对父母的爱戴。以下 8 种威信，不是真正的威信，对于孩子的身心发展而言更是不利的。父母在实施家庭教育时，应该尽量避免这 8 个误区。

以高压赢得威信。动辄打骂孩子，使孩子畏惧父母。

以疏远赢得威信。瞧孩子不顺眼时，就不予理睬。

以傲慢赢得威信。在子女面前摆出一副了不起的样子。

以严厉赢得威信。事无巨细、不分是非，都要孩子服从；明知道自己错了，也不承认。

**以教训赢得威信**。用没完没了的训话和指责要求孩子服从。

**以爱抚赢得威信**。对孩子百依百顺，即使要求不合理，也加以满足。

**以慈善赢得威信**。对子女的错误姑息迁就。

**以滥赏赢得威信**。随便许愿，轻率给予奖赏。

父母威信的获得和树立，要靠选择最佳教育时机，讲究“机智”和艺术相结合，对孩子“严”、“爱”适度，以及自身的人格魅力来实现。

## 换个方式让孩子听话

### ——父母怎样说话孩子才会听

如果向父母问起“你的孩子最大的问题是什么”，相信很多人都会脱口而出：做事磨蹭，丢三落四，和小朋友打架，在家乱丢东西，跟大人顶嘴、事事对着干……诸如此类的问题，归根到底用成年人的一句话说就是“孩子不听话”。那么，孩子为什么不听话？

孩子不听话，是因为父母的教育方法无效。几乎有99%的父母仍然在用一些无效的方法教育孩子。举个例子来说，有一位父亲工作一整天后，拖着疲惫的身子回到家，很想独自坐一会儿，休息休息，也想利用这段时间看看晚报。但是，孩子却一直闹着嚷着要爸爸陪他玩，又是拽胳膊，又是抱大腿，还把报纸弄成一团。可是做爸爸的实在是无心陪他玩耍。对此，其他的爸爸妈妈会怎样应对呢？

**命令指挥型**——“你去找别的东西玩。”父母欲以命令指挥的方式改变孩子的行为，孩子却多半会产生抗拒，与父母对着干。

**警告恐吓威胁型**——“如果你还是继续赖在妈妈的怀里，妈妈就会真的生气了！”这会让孩子觉得自己是不受欢迎的，父母是不爱自己的。

**劝告训诫型**——“别人在看书看报的时候不能打扰。”这意味着父母的需求比孩子重要，所以，他应该放弃自己的需求而遵照父母的想法去做。可是，这样孩子也会慢慢变得没有自我。

**提供建议型**——“你为什么不去外面玩呢？”父母这样给孩子提建议，会让孩子觉得父母是讨厌他、敷衍他，在把他往外推。

以上这些说话方式都没能正确表达父母此刻的感受，孩子也不能理解，却只感到是被父母拒绝了。所以，由此激发了孩子对父母的攻击，也就是所谓的“和父母对着干”。

或许父母改变一下说话的方式，孩子就会变得听话。

**变“你”为“我”，这样讲话最有效**。很多父母由于不会表达自己对孩子的关心和爱，反而造成孩子的对抗和不理解。其实父母的谈话有效或无效，其中最大的差别是：所传达的是“你”的信息还是“我”的信息。需要指出，“我”的信息让孩子更能体谅他的行为给父母带来的伤害，所以更能帮助孩子成长，为自己的行为负责。

**试一试，表达“我”的信息**。儿童心理咨询师陈临认为：父母应在孩子面前真诚地表露自己，也可以让孩子敞开心扉表达自己，这样，亲密的亲子关系建立好了，父母所有的生活智慧和建议才能被孩子接受。

**说到做到**。说到做不到、言行不一致会把孩子变成投机主义者。因为他懂得了怎样能逃避惩罚。但当他清楚父母一定会在他做错事后怎样做时，他就可以预测那种行为的后果，自己控制自己。

**不要小看孩子**。要相信孩子，暗示他有能力做得更好。最终，也就促使孩子做出了更好的行为。孩子的潜意识里会这样想：“如果做了正确的事，我会感觉很好。如果通过做这种事我能得到很好的感觉的话，下次我还想再这样做。”

**带着赞赏去教育孩子**。教育的正确含义是“教”。如果父母只是通过惩罚来管教孩子的话，就会失去给予孩子正确引导的机会。例如当孩子收拾好玩具，通过奖励他点心这种具体做法提醒他，希望他记住以后应该怎样去做，效果反而会更好。

**控制自己**。失控的怒火会影响父母教育孩子努力的成果。一旦孩子习惯了父母的教育方式之后，就会将父母的话当作耳边风，甚至出现父母的批评或表扬他都听不进去了。如果最终父母还是对孩子发了脾气，记住事后要真诚地向孩子道歉，告诉他，大人也会犯错，但正确的做法是能够承认并改正错误。

**说明后果**。给孩子加深“原因和结果”的观念：做什么事情，会有什么后果，都是由自己决定的。这样会教给孩子一种责任感。

**讲明父母的价值观**。按价值观排列自己的教育方式，假如父母试图向孩子传递一种“家庭成员间应有一种互相照顾的责任感”，请在为孩子做了些琐碎小事就予以奖励前思考一下，这种奖励应该是物质方面的还是精神方面的，并在表扬孩子的措辞中表现出来。这样做，是为了让孩子明白父母的价值取向，使他以后自觉地以此为行为的参考，进而做到自觉地约束自己。

## 保留一颗童心——将隔阂化为理解

有些父母教育孩子的失败往往就是因为缺乏童心。父母常用成人的眼光看孩子，其实孩子有自己的世界，他们对任何事物都感到新奇，充满了幻想，喜欢游戏，爱提问题。可是有些父母让孩子“规规矩矩”，总想把孩子变成“小大人”。这种脱离孩子年龄特点的教育很容易造成两代人的隔阂，多数是要失败的。

那么，如何由隔阂向理解转化呢？

**将心比心，了解“童心”**。不了解孩子的心理就不会拥有童心，尽管是为了孩子着想，但也很难取得好的效果。有的孩子非要用自己的电动玩具去换小朋友手中的泥人，有的孩子养个小蝌蚪会倾注全部心血……这些在大人看来简直是不可思议的事情，可对孩子来说却是正常的。“每一个孩子在思想观点、感情、感受、快乐、不安、忧愁方面都是一个独特的世界。”谁了解孩子的心理，谁就会赢得孩子的心，取得教育的主动权；反之，则会产生顶牛现象，甚至遭到孩子的怨恨，费力而不讨好。

**了解孩子的需求**。美国学者赫茨为了了解孩子的心理要求，对五大洲20多个国家10万名孩子进行了调查，发现孩子对父母的主要要求有10条：

孩子在场，不要吵架。

每个孩子都要给以同样的爱，不要偏心。

任何时候都不要对孩子失信、撒谎，说话要算话。

父母之间要互相谦让，互相谅解。

父母和孩子之间要保持亲密无间的关系。

孩子的朋友来家做客时，要表示欢迎。

对孩子提出的问题要尽量全面地予以答复。

在孩子的朋友面前不要讲孩子的过错。

注意观察和表扬孩子的优点，不要过分强调缺点。

对孩子的爱要稳定，不要忽冷忽热，不要动不动就发脾气。

**回忆自己的童年**。相信每个人都有自己美妙的童年。可人一做了父母，往往就把自己的童年给忘了，一味以成年人的心情要求孩子。如果父母能经常回忆自己的童年，“将心比心”，遇到问题时替孩子设身处地想想，就容易理解孩子的心情，对孩子的教育方法自然也会有所改变。

**以时代观念看待孩子**。父母要有童心，但不能只是自己儿童时代的童心，而是要用发展的眼光看社会。要看到时代前进了，社会发展了，现代孩子的兴趣、爱好与自己的童年有了很大差别。孩子的生活条件改善了，智力开发早了，信息广泛了，思想解放了。父母如果看不到这些，就会造成与孩子认识上的隔阂。

## 帮孩子正确面对性别

### ——与孩子在性别问题上的沟通

在孩子对“我是谁”开始有了初步的概念之后，性问题和性别意识开始成为他或她自我意识发展的一个重要部分。一般来说，孩子对生理上的性别认知通常容易掌握，能够明确地知道自己是男孩或女孩。但是随着不断成长，孩子还需要在心理上理解性别的概念，理解自己在社会行为中应扮演相应的性别角色。这就是人们所说的性别角色认同。

值得一提的是，生理上的性别认同与心理上的性别认同有时并不一致，有些人就会发生性别认同混乱的情况，这使他们非常痛苦，常常觉得自己生活在一个错误的身体里。因此，教育孩子正确地认识性别和理解性别角色是爸爸妈妈不可忽视的重任。

正确引导孩子性别意识的几个建议：

**教给孩子正确的名称**。要尽可能地教给孩子身体各部位的正确名称，如阴茎、外阴等。这将有利于父母与孩子更精确和方便地交流性方面的问题。身体上各部位的正确名称也有助于父母向孩子解说什么是性侵犯。孩子也可以清楚地向父母叙说是否有性侵犯发生。

**尊重孩子的隐私**。隐私的概念应该从开始对孩子进行性教育时起就灌输给他。一个学步的小孩儿当他被告诉某些东西是别人的不能动时，他就有了某种最初的拒绝的概念。告诉孩子，生殖器官是人的隐私部位，在没有得到自己允许的情况下，其他任何人无权看或摸这个部位。也要告诉孩子不要摸其他人的生殖器官。

**当父母不知道的时候要承认这一点**。有时面对孩子提出的有关性的问题，父母不知道该怎么回答，或根本就不知道。这没有关系，应该坦诚地向孩子承认自己不知道。解决的办法是与孩子一起查资料，去寻找答案。通过这件事也可使父母在孩子面前树立一种诚实、科学解决问题的榜样。

**父母应留意自己对性别角色的认识有可能给孩子造成的影响**。比如，如果妈妈因为工作和家务过于繁忙，有时会抱怨“做女人真累”，殊不知这种观点则有可能引起女儿对自己性别的悲观。性别是有差异的，但没有好坏优劣之分。爸爸妈妈应该对人生抱有积极的态度，应该让孩子理解：每一个人都是独特的、值得尊重的、有价值的，不论性别如何。

**注意养育方式对孩子性别意识的影响**。父母的养育方式从孩子一出生便不断地影响着他。有的爸爸妈妈为了自己没有圆梦——想男孩生了女孩，或想女孩生了男孩，就将自己的孩子打扮成相反的性别，认为反正孩子年纪小，意识不到其中的差异。事实上，这些模糊的态度非常容易使年幼的孩子发生性别认同上的混乱，阻碍性别意识的正常发展。

**为孩子树立良好的性别角色榜样**。父母就是孩子绝好的性别角色榜样。爸爸妈妈要注意自己身上的性别特征，甚至是性格特征，这对孩子的影响是终身的。父母可以利用生活中的自然情景让孩子体验不同的性别角色，比如在爸爸工作辛苦时，妈妈和女儿一起安慰爸爸，体现女性的温柔和理解；爸爸和儿子一起完成繁重的劳动，让儿子感受作为男子汉应有的坚强和力量。

**尊重孩子先天的气质类型，不要给他（她）套上性别的枷锁**。虽然，在社会的发展过程中产生了许多性别刻板印象，但随着社会的进步，男性和女性在他们所扮演的角色上已经呈现了一定的中性化。严格地界定性别角色标准是有害的，男性化和女性化是同一程度上相对的两极，人本身就具有双性化。因此在性别认同正常发展的前提下，不宜过多地限制孩子的爱好，以免阻碍他们的个性发展。

**重视爸爸在孩子性别意识发展中的独特作用**。在游戏活动中，爸爸是处在一个独特的位置上来影响孩子的活动和对活动的选择的。爸爸总是比妈妈更多地鼓励孩子的独立自主精神，从事探索活动，并具体帮助孩子掌握技巧、获得经验。在这些游戏活动中逐渐培养了男孩子的阳刚之气，也使女孩子逐渐摆脱了只能进行安静游戏的传统束缚，使她温顺的性格中增添了开朗、果敢、自信等优良品质。

# 第五章　智力开发和全面成长

## ——学什么及怎样学

智力开发是做父母的最关注的问题之一。社会上流传着一句话：不能让自己的孩子输在起跑线上。说的就是早期智力开发的重要性。但仍有不少家长对儿童智力开发的理解认识存有误区，过早地给孩子套上了过重的精神枷锁，这是当代儿童健康发展的一大障碍。

当大量的学龄儿童父母为孩子的学习成绩感到烦恼，为孩子不爱学习感到焦虑的时候，很多人都忽略了一个非常重要的问题——学龄前儿童的智力开发。语言能力、阅读兴趣、想象力、数学逻辑能力等等最基本的智力能力的培养，主要依托于儿童的早期智力开发。现在的问题是，父母把大量的精力用在了学校知识教育的前移，而忽略了本来应该在这一时期所做的一些事。恰恰正是这些事情，往往决定了孩子以后的智力发展。

## 做好孩子的第一任老师——早期教育教什么

研究表明，人类大脑的发育与年龄的增加成反比。因此，人生的头几年，是进行快速学习的好时机。2～3 岁是口头语言发展的关键期，4～5 岁是学习书面语言的最佳期，4 岁是孩子对图像的视觉辨认的最佳时期，5～5 岁半是孩子掌握概念的最佳年龄，孩子在 5～6 岁掌握词汇能力发展最快。因此，在孩子早期大脑发育的最佳时期，要做好早期教育。

但很多父母有时会感到，虽然自己也有早期教育的意识，但是却不知道怎样进行早期教育，不明白早期教育到底要让孩子学些什么?

要知道，早期教育的目标是，促进孩子全面、均衡地发展，包括身体、智力、品德、审美、个性等方面的素质。根据培养目标，早期教育应该是包括德、智、体、美各个方面有机的全面发展的内容。在早期教育过程中，主要包括以下几方面的内容：

**智力教育**。婴幼儿智育的重点，是在生活中开发孩子的智力。基本是指观察力、注意力、记忆力、想象力、思维能力、语言表达能力，等等。在教育时，父母应特别注意对孩子左右脑同时开发。当前比较普遍的现象是不注重培养孩子的空间转换、形体感知能力以及想象力和创造力。识字、算术等“早期教育”明显地落在负责控制语言、计算、逻辑推理的大脑左半球上，而控制形象思维、图画、音乐感受等大脑的右半球则负担不足，从而使左脑的智力发展比右脑超前，影响了孩子左右脑的均衡发展。

**生活自理能力培养**。孩子的衣、食、睡、玩要自理自立，父母不要处处包办代替。方法上应针对孩子模仿性强、爱游戏的特点，比如设计“我帮娃娃穿新衣”等游戏，让孩子在帮助娃娃的玩耍中学习吃饭、穿衣的要领和基本能力。然后，父母再引导孩子将这些技能转移到他的日常生活中。在教育过程中，父母一定要克服怕麻烦的思想，反复训练，让孩子尽早学会独立。

**社会交往能力**。首先父母和孩子要建立良好的亲子关系，使孩子能自如地表达自己的态度、愿望和要求。同时，更多鼓励孩子与他人交往，使他从中学习如何与人合作，如何处理与他人的矛盾，如何坚持自己的主张或放弃自己的意见，如何抑制自己内心的侵犯性行为，如何向别人道歉，如何求助于他人，等等。

**良好性格培养**。父母应重视对孩子优秀的非智力素质的培养，做到在家庭生活的琐事中，在点滴的小事上，充分利用各种机会实施教育。比如孩子跌倒了，要让他自己坚强地爬起来，教育孩子不惧怕打针等。不要小看这些琐碎平凡的生活教育，在父母的言传身教之下，会铸就孩子勇敢坚强、不怕困难的性格以及较强的独立活动能力，让他的人生绽放分外绚丽的花朵。

## 让孩子有一张巧嘴——培养孩子的语言表达能力

孩子到了两岁以后，语言能力开始飞速发展，这是孩子学习语言的关键期。任何一种学习都一样，如果不在最高效的时期给予持续的刺激，学习就不会有多大效果。因此，父母要十分注意2～3岁孩子的语言学习训练。

孩子语言的学习过程大致可分为几个阶段：

**喃语期**——建立语言的基础。这一时期，父母多和孩子说话、多和孩子接触极其重要。

**牙牙学语期**——会说一些容易发音的词语。1岁前的孩子都具有这样的语言能力。他们会从身边的东西、有趣的事物或容易发音的东西开始学起。

**单语期**——能理解大人所讲的话。一词多意，配合手势和动作表达意思，是这一时期的特点。到了后半期，大人讲的话他几乎都听得懂。前后大约持续半年时间。

**双语期**——知道如何与人沟通。这一时期孩子常会自言自语，重复大人说的话，这是一种模仿行为，是孩子学习语言的必由之路。

**多语期**——会通过交谈跟他人沟通。3岁前后这段时期，孩子的语言能力进展神速，不但会说3句到4句的复杂句子，而且开始学习复杂的语法。只是发音还不很清楚，会夹杂一些奇怪的语句。

如何提高孩子的语言表达能力呢？

**多跟孩子说话**。和不爱说话的母亲一起生活的孩子跟生活在大家庭里的孩子相比，两者会说话的时间相距很大。千万不要认为孩子什么都不懂就不跟他说话。

**反复跟孩子说话**。孩子不可能一次就记住大人说的话，但多听就会渐渐记住。这一时期，孩子需要“爱唠叨”的父母。

**让孩子随心所欲地说话**。听孩子说跟让他说一样重要。孩子身边的大人肯专心听他说话，对他的语言发展非常重要。有了热心的听众，孩子才会拼命地讲。

**念书给孩子听**。临睡前念故事给孩子听，不但可以让他学习正确地使用字词句，还能提高他对各种事物的关心程度，积累知识，进而促进语言能力的发展。

**让孩子讲自己的故事**。实践证明，让孩子经常讲述发生在自己身边或者自己亲身经历的事情并加以鼓励，不仅能锻炼孩子的语言能力，而且能培养孩子的自信心。

**让孩子跟小伙伴快乐地玩耍**。孩子可以从别的小朋友那儿学习新的词语和表达方法。同伴也是孩子学习各种能力的好老师。

**带孩子到各种环境体验不同的感受**。让孩子尝试各种新的体验，可以丰富他的说话内容，从而提高语言表达能力。

**灵活运用各种小物体**。几乎每个孩子都有一块方形小手帕，可以利用它教会孩子认识正方形，然后让孩子找出别的正方形的物体，培养表达能力和想象能力。还可以举出一块黑板、一支铅笔、一串香蕉、一把伞、一个小朋友、一头大象、一根头发的例子，让孩子学会使用各种量词。

**玩一些训练语言能力的游戏**。比如“学一学它们的叫声”。游戏时，妈妈先学各种动物的叫声，模仿尽量逼真；若孩子猜不出，妈妈还可加上手势和动作。孩子会很高兴地跟着学。还有“看图猜谜语”。让3岁以前的孩子回答只有文字没有图画的谜语是很困难的事情。可以看部分图，说出完整的形状，则会让孩子变得兴趣盎然。

**及时给予强化与鼓励**。当孩子发出正确的语音后，父母要及时鼓励，抱抱孩子，或给他一个甜甜的吻。这些强化和鼓励会促使孩子下一次继续发出正确的语音。若孩子发音模糊、错误，也要及时加以纠正，因为一旦错误的发音定型后，纠正起来是比较困难的。但切忌指责、取笑孩子。

## 让孩子有个好记性——增强孩子的记忆力

记忆是一种较为复杂的心理过程，包括识记、保持、再认三个环节。记忆力与感知觉的心理活动密不可分，又直接影响着孩子的想象、思维、语言和情绪情感等。学龄前是孩子心智发展的黄金时期，如果父母能够有意识地注意发展孩子的记忆力，一定能培养孩子的好记性。

**重复是个好办法**。记忆又可以分为瞬时记忆、短时记忆和长时记忆。瞬时记忆在大脑内停留的时间不超过2秒；短时记忆的时间不超过1分钟；长时记忆系统可以保留1分钟以上甚至终身不忘。孩子知识的获取、经验的积累有赖于长时记忆。可是，记忆也有它自己的规律。如果记忆过的东西不经过反复识记，就不容易保持并且很快产生遗忘，最终不能走进长时记忆，成为孩子经验的一部分。所以，如果要让孩子有个好记性，重复是个很有效的方法。

**在游戏中练“记性”。**

依次说出名称。把6样东西按先后次序排列在桌上，让孩子看上几十秒钟，然后遮挡起来要求孩子凭记忆依次说出这6样东西的名称。

找物品。当着孩子的面把8种不同的小物品分别藏好后，再让孩子将这些物品一一找出来。

看图说画。在桌上放10到20张不同的小画片，然后用纸或布把这些小画片遮住。爸爸妈妈先把纸或布拿开，让孩子看3到5分钟，再把小画片遮住。然后让孩子尽可能准确地描述小画片上的内容。如果孩子还能用故事把这些小画片的内容串起来讲述，那就更棒了。小画片上的内容可以视孩子年龄的大小来选择，年龄越大，内容可以越复杂。对于年龄较小的孩子，甚至可以把小画片换成不同的色块，让孩子来辨别颜色。

玩具“排排坐”。在孩子面前按照一定的顺序摆放5到6件他喜欢的玩具，先让他观察1分钟，再让他转过身，让孩子按照玩具的正确摆放顺序说出玩具的名称。也可以在孩子看完后，把这些玩具的摆放顺序打乱，让孩子自己动手，帮助玩具恢复到刚才“排排坐”的样子。

看橱窗。这个游戏适合父母带孩子外出时进行。路过商店橱窗时，先让孩子仔细观察一下橱窗里陈列的东西。等离开以后，再要求孩子说出刚才所看到的东西。

逛玩具店。孩子最喜欢逛玩具店了，如果爸爸妈妈准备给孩子买新玩具，不妨把新玩具作为对孩子的奖励。让孩子在玩具柜台前看玩具两分钟，然后带他离开柜台，让他尽可能多地回忆出所看到的玩具。如果他能说出 5 个以上，就奖励他一个新玩具。

做识字卡片。枯燥的识字对孩子的耐心和记忆都是一个挑战，如果把识字过程反过来，效果就大不一样了。让孩子把他感兴趣的动物或动画片里的人物等做成卡片，因为孩子不知道怎么写这些字，一开始甚至可以让他用照片、图画或他自己看得懂的符号记录下来就可以。然后，爸爸妈妈帮着孩子找出这些他喜欢的事物的名字，写在卡片上。

**在阅读中增强孩子记忆力**。阅读熟悉的故事书，大声地把故事念给孩子听，在反复强化之下，发展幼儿的语言能力，进而也增强幼儿的记忆力，使他终身因此而受益。当孩子要求父母一再地重复读一本书的时候，这是他正在进行利用重复聆听，记忆故事的内容。为孩子朗读他经常在看的故事书，是加强他记忆力的一种方法。虽然不断地重复相同的故事，并不会直接加强一个人的记忆力，但确实能够让孩子因此具备重述故事的能力。

**生活就是大课堂**。孩子生活的环境就是一个素材丰富的大课堂，其中的任何事物都可以成为孩子记忆的素材。孩子在日常生活中的记忆非常轻松，有时甚至是无意识的，记忆的内容又丰富多样，他得到的体验也更多了，正是这样的记忆在不知不觉中提升了孩子的记忆能力。

## 带孩子发现世界——培养孩子的观察力

观察是孩子认识世界、增长知识的重要途径。实践证明：孩子观察力的强弱对学习的好坏有直接影响。如在语文拼音、识字教学中，有些拼音、生字的字形、写法只有细微差别，观察力较强的孩子一眼就能看出来，而观察力较差的孩子就常把它们弄混或写错。

那么，父母应怎样有意识地从小培养孩子的观察力呢？

**首先激发孩子观察事物的兴趣**。兴趣是孩子观察的动力，只有对事物产生浓厚的兴趣，他才会积极主动地去观察。年龄较小的孩子对周围世界有着强烈的好奇心，这种好奇心容易使他们对周围事物产生兴趣，特别是符合孩子需求的东西更能吸引他们的注意。父母要根据孩子的这一特点，激发孩子观察事物的兴趣，并养成他喜欢观察、勤于观察的良好习惯。所以父母可以经常向孩子提出一些问题，以引导孩子去观察。

**提高观察的目的性**。比如，让孩子描写牡丹花，就要用具体细节问题提问他，使他集中精力，认真地观察。

**为孩子创造观察的有利条件**。父母应创造各种条件，让孩子在生活中，在亲自动手中学习观察。

观察自然景观。观察大自然的千变万化，能够很好地提高孩子的观察兴趣和能力。例如，水：有小溪和大江；有清澈和浑浊；可结成冰，又可化成汽；湖水结冰，海水不结冰。花草树木：颜色形状不同，却都有发芽、生长、成熟、衰败，且随季节而发生变化。四季：春天，气候温暖，草木发芽变绿，花朵开放；夏天，气候炎热，草木茂盛；秋天，天气转凉，树木的枝叶变黄、凋谢；冬天，气候寒冷，草木凋零等。

观察物品的用途。很多日常生活用品都有基本的用途和其他用途，父母可以利用孩子常用的物品激发他的观察兴趣，提高他的观察能力。比如：茶杯是盛水的，但也可以盛豆、插花；塑料杯掉在地上摔不碎，玻璃杯却很容易破碎，等等。

观察图片。对有些实物的观察受生活条件的局限，不能看得仔细，观察图片则可以作为一种重要的补充手段。图片还可以作为一种有目的、有计划、有系统地培养孩子观察力的教材。例如，寻找动物的藏图，寻找细微不同的对比图片等。图是静物，不受时间、地点、条件的限制，可以巩固孩子的观察力，提供观察细节。

参观画展。图画是以形象的手法展示事物的特点，恰好符合孩子的形象关注的特点。父母可以举办家庭画展，将孩子一段时间里画的画集中起来展出，引导孩子参观、评论，看看同期作品的异同，比较后期作品的进步，这些作品可以反映孩子观察力的发展水平。也可以父母和孩子同画一个物体，比如蝴蝶和蜻蜓，然后一起展出，共同评论。要启发孩子对作品多发表意见和改进建议，肯定孩子的观察力。

**教给孩子正确的观察方法。**

一个物体的观察方法。对一个物体有顺序地进行观察，引导孩子根据观察对象的外部特点，从整体到局部或从局部到整体，从左到右、从上到下、从外到内，以及一一对应地进行观察。

从不同角度进行观察。父母应引导孩子从远处、近处、正面、侧面等各个角度进行观察。比如带孩子参观本市某一建筑物，先带孩子从远处的正面、侧面、背面看建筑物的全貌；再带孩子走近建筑物的正面、侧面、背面观察建筑物；最后领孩子走进建筑物里面，看看建筑物内部结构怎样，陈设如何。

两种物体的比较观察。为了使孩子能更准确地认识事物，发展观察力，可以让他对两种或两种以上的物体或现象进行比较，找出其中的不同点和相同点。比如比较爸爸和妈妈、爸爸和爷爷、鹅和鸭、小草和韭菜、雨前和雨后、日出和日落、阴天和晴天……

## 让孩子更杰出——培养孩子的创造力

创造性思维能力，是未来人才的必备素质之一，也是检验孩子智力水平的一个重要依据。从小培养孩子的创造力，对孩子的健康成长极为重要。培养孩子的创造性，已经成为家长普遍关心的头等大事。那么，在家庭教育中该如何培养孩子的创造性思维能力呢?

**为孩子创造良好的环境气氛**。为了使孩子能自由活动，安心畅想，父母要为孩子提供友好的、愉快的、有鼓励性的、具有良好气氛的环境。即使父母不同意孩子的想法和愿望，也应该让他明白：爸爸妈妈对这些想法和愿望还是重视的。应该鼓励孩子和父母对一些事情展开讨论。所谓良好的创造气氛，最重要的是尊重孩子，珍惜孩子的独创性，鼓励孩子从不同的角度思考问题。

**不要将自己的经验强加给孩子**。应当教孩子学会自己去想去做。当孩子遇到麻烦来问父母怎么办时，不要直接给他们答案，而要反问他们，“你想应该怎么办?”在他自己想办法的基础上再予以指导。

**肯定孩子的“奇思妙想”**。要提供工具、材料和场所让孩子自己去动手实践。特别是遇到挫折的时候，更应该和孩子一起去探索失败的原因，然后加以改进。

**要教育孩子学会动手**。如今，许多家长包揽孩子能做的事，不给孩子创造独立解决问题的环境，剥夺他们自我发展的机会。没有独立做事的习惯、独立思考解决问题的能力，何谈创造性的培养?动手能力是创造力的组成因素。父母应鼓励孩子学会动手制作、动手发明创造一些小作品。

**要懂得发现、珍惜孩子的好奇心**。发明创造往往萌芽于对某一事件或现象的好奇。对于孩子来说，好奇既是天性，也是一种十分可贵的心理素质。因为好奇，孩子才会有探索周围事物的兴趣，并在探索活动中不断丰富和积累知识经验，发展创造性思维能力。儿童心理学家指出：凡是因好奇心而受到奖励的孩子，都愿意继续进行某种试验和探索。因此，在日常生活中，父母应小心呵护孩子的好奇心，不要厌烦孩子总是在问“为什么”。

**要教孩子学会思考**。由于发展思维力是培养创造性的核心，所以要培养孩子学会思考、善于思考，让孩子在思考问题的过程中发展思维力和创造力。要启发孩子自己提问题。当父母碰到孩子提的问题一时难以解答时，千万不要厌烦或简单化处理，最好的方法是告诉孩子：“这个问题妈妈（爸爸）不太清楚，等我查了书后告诉你。”而且要说到做到。这样也会传递给孩子一个信息：看书能学到知识。

**利用一切机会和孩子交谈，通过交谈来激发孩子的思考**。在和孩子交谈时，要尽量谈一些有利于孩子独立思考的问题，而不是代替孩子去思考。当孩子碰到问题时，父母也可为他提一些具体建议，启发孩子动脑筋想办法解决问题。培养了孩子的创造力，他的潜力就会被激活；忽略了他的创造力，孩子的创造性思维也会萎缩。

**要允许孩子犯错误**。在参与社会性活动的过程中，许多孩子都可能会因种种原因犯下这样那样的错误，父母绝不能因此对孩子大加斥责，甚至对孩子做出种种限制，剥夺孩子动手、动脑的机会。比如，有的孩子为了看看玩具里面究竟是什么，就把新买的玩具拆坏了。对此，一味地惩罚只能阻碍孩子创造力的发展，父母在耐心地给孩子讲明道理的同时，也应该对孩子的这种探索精神予以肯定和鼓励。

## 让想象插上翅膀——培养孩子的想象力

爱因斯坦说过：“想象力比知识更加重要。因为知识是有限的，而想象力概括着世界上的一切，推动着进步，是知识进化的源泉。”每个人都具有想象力，就像每个人都有一把伞一样，可是如果不张开就没有多大用途。尤其是培养孩子的想象力，对推动他的创造力，帮助他度过快乐的童年，具有十分重要的作用。所以，早期教育实施中父母应该重视对孩子想象力的培养。

**扩大孩子的知识经验，增加表象储备。**创造需要原材料，没有相应的表象储备，有关的新形象是创造不出来的。因此，要有计划地经常带孩子进行参观、旅游等活动，启发他们认识自然事物和各种动植物。从而使孩子对尽可能多的事物产生基本的认识，并在未来的想象活动中，使孩子拥有更多的事物形象参与思维的过程。

**鼓励孩子大胆想象。**孩子常把一根小棒当作调羹喂娃娃；常把一个小盒子“嘟嘟嘟”当作小推车；常梦想自己在月亮上荡秋千；常在树上画满雪糕……他们的想象充满了幻想，丰富而大胆。所以，无论孩子的想象有多离奇，父母一定要保护他想象的欲望，鼓励他更大胆地想象。如“你看这圆形像什么？还能变成什么？”

**保护孩子的好奇心，培养想象的主动性。**孩子有强烈的好奇心，这是发展想象的起点。当孩子发问时，父母一定要耐心完整地给予解释，然后还要反问：“你为什么要这么问？你是怎么想的？”进而培养他想象的主动性。最好能够提出孩子感兴趣的问题，激发他进一步去想象的愿望。

**讲一些孩子喜闻乐见的故事**。讲故事、猜谜语是激发培养孩子想象的主要途径。充满想象的童话和神话故事最能引起孩子的遐想，由此，父母要有目的地去选择能够激发孩子想象的文学作品。此外，还可以采用续编故事、排图讲述等形式来激发孩子，提高他的想象力。

**培养孩子绘画、音乐方面的素质**。绘画或听音乐、弹奏乐器是孩子眼脑手密切配合、多种心智机能同时参加的智力活动，可激发孩子的观察力、记忆力和想象力。比如，在绘画中，孩子会把自然界的星空浮云、花草树木、飞禽走兽等，都想象成和人一样富有喜怒哀乐的情感，这些想象更是丰富、奇特而大胆的。

**做游戏**。游戏活动是孩子开展想象的王国，是发展孩子想象力的最好活动。因为孩子在游戏中模仿多种活动，凭借想象扮演多种角色，表现多种情境，需要丰富的想象力。针对这一点，还可以引导孩子玩一些角色扮演游戏，或图形拼凑游戏。

## 家里有个“小书虫”——培养孩子的阅读兴趣

书是知识的宝库，也是人类永远的朋友。只要孩子养成良好的读书习惯，不仅能促进他的观察力、想象力、知识的转换能力及语言表达能力，更能让他受益终身，全面提升整体素质。但让父母发愁的是，孩子还这么小，如何让他自觉自愿的爱上阅读呢？

**选择恰当的时机**。大千世界精彩纷呈，有那么多新奇的东西诱惑着孩子们，要让他们在这样的环境下静下心来读书，一定要选择恰当的时机。例如，在孩子生气时或兴奋异常时不宜读书。

**适宜的环境**。阅读环境包括两方面：一是指阅读的物质环境，二是指阅读的精神环境。

物质环境。选择一个采光较好的房间或角落，安静、舒适，有沙发或地毯，可坐可靠，且不易受到外界的干扰。当孩子稍大一些时，如果条件允许，空出一个房间当作他的书房，配有专门的小书桌和各种图书、画册。如果家里空间不够，也可在客厅一角，安放孩子自己的书桌和椅子，每天陪他在那里看一会儿书。

精神环境。要培养孩子良好的阅读兴趣，父母更要以身作则。最好每天在家读书、读报 30 分钟到 1 个小时，用自己的行动来影响孩子。

**恰当的阅读方法**。“授之以鱼，不如授之以渔”，教会孩子基本的阅读技巧和方法将使他受益无穷。

学习按页码顺序看书，并使他养成习惯。

养成从左到右，自上而下的阅读顺序习惯。

在理解的基础上看书。

**品尝成功的乐趣**。与孩子一同分享阅读的乐趣。阅读过程中，父母与孩子共同阅读，一边阅读一边交流各自的感受。阅读后，父母可以留个结尾或将故事的结尾作为新故事的延伸，和孩子一同续编故事。

**从选择孩子感兴趣的书入手，渐渐扩展到不太爱读的书**。为孩子选择书籍和绘本，一开始最好是投其所好，挑选孩子所喜闻乐见的经典故事，如《西游记》、《哪吒闹海》等。只有孩子熟悉和喜爱的故事，才能激发他听、读、看的意愿。

**和孩子一起谈论故事书里的某个情节，让孩子有说话的机会**。注意引导孩子形成良好的语言习惯，帮助他使用正确的词语，并鼓励他接受新的词语和表达方式。

**多向孩子请教简单的问题，启发他主动思考**。

**及时并具体形象地解答孩子的疑问，帮助他理解阅读内容**。

**不能强迫孩子读书**。强迫的做法会让孩子变得焦躁、不耐烦，并在潜意识里产生抗拒读书的情绪。

**多给孩子一些赞美之词**。赞美会起到很大的激励作用。

**不断刺激孩子的好奇心和求知欲**。有时间还可以带孩子去参观博物馆、动物园和图书馆等。

## 选好精神食粮——为孩子选择合适的书籍

根据大脑和身体的发育情况，孩子在不同的时期对图书的选择可是非常不同的。如果父母一不小心给错了图书，那孩子很可能会有拒绝阅读的行为出现，让原本快乐的读书时光变得不和谐起来。所以，为不同时期的孩子选择适合的图书很重要。那适合孩子阅读的好书有什么标准呢？

**良好的纸张和装订质量**。幼儿图书最好能经得起翻阅，所以装订质量也要十分注意。当然，家庭用书以平装书更适宜，价钱也应较便宜。

**根据年龄特点，选择不同类型的书。**

1 岁以前：给孩子买布或无害塑料制成的“撕不烂的书”，这些书容易清洗和消毒。幼小的孩子比较喜欢简单、清晰、色彩鲜艳的图书。特别是有大幅图画和简短文字的图书最能有效提高他的语言发展水平。另外，有简单的韵律、动植物图片和娃娃笑脸的图书，最受青睐。

2 岁时期：给孩子买一些结实的卡式书，或图画较多的儿歌书籍，或有着简单情节的童话书。

3 岁时期：给孩子选择有着丰富情节的故事书，特别是那些对简单文字做出特别标注的图书。还可以选择参与动脑和动手的智力图书。日常规范、方位概念等启发教导性的图书也是应该给孩子准备的。

**内容应在多样化的基础上以趣味性为主。**幼儿时期，孩子各方面的心智都处于发展的关键期，对外界信息的接受能力比较强，学习欲望也特别强烈。因此，这个时期，父母应当尽量为他提供形式、内容都丰富、多样化的图画书。注意，孩子在幼儿阶段所喜欢的书大多是故事、童话类图书，而不是许多父母热衷的“启智”、“长知识”、“幼儿课堂”之类的书。对于这个阶段的孩子来说，“趣味性”比“知识性”更重要。

**内容应注意准确性，并与孩子的生活经验相结合。**有的父母认为，孩子还不懂事，不识字，反正也是瞎看，买书有时只会注重趣味性，而忽略了准确性。当孩子就书中内容提问时，也往往敷衍一两句，糊弄过去。这些做法看似小事，却为孩子读书不求甚解埋下了伏笔。而且，3 岁是一个人记忆的关键期，在这时给予孩子的错误知识，很可能因“先入为主”而始终被当作正确的来掌握。此外，适合孩子阅读的图画书，在内容上除了要准确，也要注意与他的生活经验结合，如表现他周围的人、物体、环境、生活里的各种活动的书，让孩子在书里也能看见在日常生活中有所体验的事，会使他更愿意阅读，更能从生活中学习。

**应注意图书标明的相关阅读辅助信息**。幼儿阶段，孩子的发展可以说是“一日千里”，由此也给父母选购图书带来了一定的难度：“究竟这本书是否适合自己的孩子呢?”别着急，很多优秀的童书通常会在图书封皮上注明本书的“适用年龄”；或者在书的开始有一个“阅读指导”，具体说明本书的阅读方法、对孩子发展的促进作用，等等；或者还会在文字上加注拼音，方便孩子独立阅读。

**不要赶时髦，“适合”更重要**。为孩子购买图书不要追赶“时尚”或跟着广告走，要关注孩子自己的兴趣和需要，以免花费不小，收效甚微。

**量力而行，择精而购**。为孩子选购图书也要考虑一下家庭的经济状况，量力而行。对于幼儿阶段的孩子，不提倡买套书、丛书、全书之类的大套系和包装过分精美豪华的书籍。

## 父母如何引导孩子认字——培养孩子的识字能力

孩子到了识字的年龄，如何让他在轻松愉快中学习认字，是父母最想知道的事情了。也有些父母会产生犹豫：是早点儿让孩子学习认字好呢，还是晚点认字，到底什么年龄比较合适？

从生理学上讲，人在儿童时期大脑发育速度最快，也是记忆力特别强的时期。从心理学上讲，幼儿时期是孩子爱动爱玩比较活跃的时期，抓住这个特点为孩子选取玩乐相结合的认字形式，他们学习的积极性才会特别高。让他尽早开始阅读，对培养孩子的学习兴趣有益无害。

**看图识字**。结合以图为主、以文为辅的短小故事，引导幼小的孩子认识图文中对应明显的字，并根据图画的意思猜出文字。或者，找一些文字浅显、图画含意清晰、结合幼儿生活的儿歌，帮助孩子了解画面与文字的关系。孩子一旦掌握了这一方法，稍作努力就可以在阅读中认识更多的常用字。

**利用游戏认字**。游戏是孩子的天性，只要父母肯动脑，在游戏中随时可以教孩子识字。比如孩子喜欢玩沙子和石头，父母可以把沙子和石头这几个字写成小卡片埋在沙堆里，引导孩子用小铲子挖出来。孩子挖出一个就让他认一个，孩子很容易就在兴奋中把汉字记住了。

**利用幼儿故事教孩子识字**。孩子喜欢反复听同一个故事，父母可以按照故事书的内容一字一句地念，直到孩子也能一字不差地讲下来。然后，父母可以把着孩子的手，指着书上的字一遍遍地读。这样孩子会知道一个字发一个音，不认识的字也能根据自己已会讲的故事猜出来。

**利用汉字积木识字**。买一盒汉字积木，让孩子摆成各种玩具造型，如火车、小楼房等。摆放中父母可以有意识地将某个汉字的偏旁拆开，和另外一个重新组合成一些新的汉字。孩子可以通过认一个字连带接触很多相似的字，并在拼拆过程中激发创造性思维和动手操作能力。

**利用儿歌识字**。儿歌的特点是语言简短明朗，语句押韵，读起来朗朗上口，易读易记，适合幼儿的语言表达特点。利用这种方法可以帮助孩子轻松快乐地记住那些笔画繁多、意义抽象的字。如“热”字：“左手拍了九下球，四滴汗珠往下流。”

**拼词造句识字**。幼儿认字往往是记忆方式的重现。一个字一个字地记，反映出来的就是单独一个字的认读。以词、句子形式记忆的，反映出来的就是词和句子，有着整体记忆的特征。如孩子已会认读整首儿歌，看似每个字都认识，但单独抽取其中一字让他认读时，却不认识了。根据这一特点，可以采用拼字念儿歌的游戏，帮助孩子理解口语与文字、词与句的关系，鼓励孩子创造性地组词造句，拼出许多常用句。如“白→白色→白色的云彩→白色的云彩像座山”。

**在孩子熟悉的物品上贴上字卡**。比如冰箱、牛奶、电视机等。

**利用平时坐车、购物等机会，教孩子识字**。

**尽可能多地给孩子一些印刷品，增加孩子对符号的兴趣**。孩子喜欢色彩鲜艳的图片，父母可以在自己看报、读杂志的过程中，指出大标题文字和精美广告上的字让他认读。

**孩子学习认字的过程要自然、轻松，不能让他觉得有压力**。也不要用物质奖励的形式作为诱导，否则会让孩子失去学习的内在动力。

**尊重孩子的学习兴趣**。如果孩子喜欢并且觉得这样的游戏有意思，就可以继续下去。否则应该及时叫停。

## 发现数学小天才——挖掘孩子的数学逻辑潜能

如何能使孩子感受学习数学的乐趣，并爱上数学呢？父母们需要做的是将数学的概念尽可能趣味化，并且尽量减少孩子在学习过程中的压力。要想让孩子了解数学是日常生活的一部分，那么父母也需要积极表现出对数字的好感，孩子也就更加有动力去学习数学了。

**数字之旅**。父母带着孩子逛街、远足或外出旅行时，鼓励孩子看着道路的标示牌、店铺的招牌和广告牌，发现了数字就大声地读出来。这样一来，孩子在进入幼儿园之前就能够有数字的概念。另外还有，在排队时数数队列里的人数；回家路上数数梧桐树的数目；甚至上楼时也别忘记和孩子一起数数楼梯的台阶哦！

**厨房里的数学题**。妈妈可以准备一本儿童菜谱，让孩子挑选一道喜欢的点心或菜式来做。不妨要求孩子当助手，负责准备原料。交给他标有刻度的量杯、小碗和调羹，让他准备 10 毫升的水、1 碗面粉或 2 勺糖。如果孩子还不了解计量单位，妈妈可以简单教给他，看着量杯上的数字，学着计算合适的分量。

**问候电话**。在一些节假日里，父母可以列出一张朋友和亲戚的电话单子，依次给他们打问候电话。可以是父母拿着单子念号码，由孩子拨通电话。当然，也可以和他换一下分工，由孩子大声地念出单子上的电话号码，父母负责拨电话。或者父母可以在平时多注意引导，让孩子记住家里的电话号码和爷爷奶奶家的电话号码，训练他记忆不规则的数字组合。

**儿歌里的数字**。父母需要挑选一些带有数字的儿歌和童谣教给孩子，例如：“我说 1，1 张纸来 1 支笔，学习数学做练习，都要用到纸和笔。我说 2，身上长着多少 2？左边右边数一数，眼睛、手脚和耳朵。”这些带数字的儿歌给了孩子基本的数字概念，让他了解到学数学不单是做题目和上课，在游戏和唱歌的时候，也可以学到数学知识。

**自己的数字**。帮助孩子了解自己的个人统计数字，是让他对数字感兴趣的一个简单方法，如自家的地址、电话号码、自己衣服和鞋子的尺码。每过几个月就让他量量自己的身高；称体重的时候，指给他看自己的体重计数，和自己以前或爸爸的体重比比看。跟他一起看日历，让他数数离自己的生日还有几天。要知道，孩子对时间以直线的方式移动这一数学概念的理解，是非常重要的。

**游戏中的数学**。玩具能帮助孩子在游戏中探索数学概念，积木、拼插玩具、建筑玩具——这些都在教孩子运用基础的几何概念。比如，当孩子完成了一个三维立体结构拼堆时，他实际上在轻松的玩乐中学习了平衡、对称和空间关系这些概念。

**给孩子一个计算器**。孩子一般都喜欢小电子产品，如闹钟、手表等等。在他能够数数时，父母就可以买一个计算器送给他。当他用计算器来做加减乘除的游戏，可以提高他对学习数字基本运算的兴趣。虽然孩子还小，还不能理解计算器运行的原理。但是，这个小玩意儿对提升他学算术的兴趣是大有帮助的。

**利用另类的数学教具**。

扑克。平时双休日或者节假日，可以与孩子一起玩扑克游戏，选 1~5 的数字牌，让他辨认这些数字，比较数字的大小，学习 1~5 的加减法等。

骰子。这是学数字的最好教具了，学习效果出奇的好。开始孩子可能不能理解点数的概念，但每次投掷骰子，每次数骰子上的点数，再进行比点数的大小游戏，他表现出的热情高得会超出父母的想象。

识字卡片。识字卡片中有许多让孩子感兴趣的图片，所以不能把卡片仅仅用于帮他识字，还可以当成玩货币游戏的工具。

电脑软件。电脑学习软件的内容编排巧妙，画面制作也不错，而且还有提示，孩子很容易被吸引住。里面的数学难关有难有易，简单的只需数数就能知道答案，复杂的就要经过计算才能过关。在游戏里，大多数孩子不会被困难难倒。

动画片。如今让孩子通过看动画片学习数学的选择可多了，有动画片《红猫蓝兔》，英国的《天线宝宝》等，对早期幼儿的学习开发的确起到了一定的作用。但动画片不是互动的，需要孩子有较敏锐的反应或者反复观看，加深印象。

## 给孩子一个彩色的童年——培养孩子的绘画才能

“哇！好棒的一幅画，要是我家宝贝儿画的该有多好！”先别急着羡慕人家，要知道，只要做父母的用心，每个孩子都是天生的“小画家”。不是吗？就像小鸟天生要歌唱一样，几乎所有的孩子天生都喜欢画画。绘画对他们来讲，更像是一个亲密的伙伴，一种愉快的游戏——带给他们自由和快乐，并释放出他们心中奇特的想象力和创造力。

培养孩子的绘画才能首要的是激发孩子的绘画兴趣。

父母要及时地接纳、肯定。孩子再脏再乱的作品，父母都不应该全盘否定，因为画里面总有值得肯定的东西。哪怕孩子只在纸上画了一条线，父母也应该鼓励他：“这是春天的雨还是地上的小草？是远远望去的炊烟还是水里游来游去的鱼？”

参与孩子的活动。爸爸妈妈和孩子一起画画、一起剪剪贴贴、一起玩色彩的游戏，孩子会感到非常高兴。也可以邀请孩子的小伙伴到家里来一起“玩”美术。

一定要为孩子准备合适的画具。

画笔。在教孩子画画时，要教给他各种画笔的使用方法，认识、体验各种画笔绘画的特点。蜡笔最好握，便于大面积地涂色；粉笔不仅可以在黑板上使用，也可以在带色的纸上使用；用粗的毛笔绘画，彩色显得很新鲜；用彩色油画棒画，色彩鲜艳，线条清晰、真切……

纸张。画素描：可以选择普通的A4大小的白纸，专业素描纸通常8开大小，有卖10张一套的，售价在8到9元左右。画水粉：最好是选厚一些的图画纸或白色卡纸；可以先用16开大小的画纸，以后逐渐试着用4开或8开纸为宜。画水彩、使用油画棒的画：更适合4开纸。彩色墨水笔或彩色铅笔画的画：适合用8开纸。

工作服。不论孩子使用什么样的材料画画，都容易把环境和自己的衣服搞脏。因此，妈妈可在孩子画画的地方贴一些旧报纸，或为孩子准备一件画画穿的“工作服”，一件旧的、深色的、大一些的罩衣就不错。

**画笔的清洗**。画水粉画或水彩画时，清洗画笔用的水瓶最好选用广口的塑料桶或塑料瓶，甚至敞口大碗——这样比较稳定。还要告诉孩子在涮完毛笔后不要到处乱甩，可以为他准备一块吸水的海绵或抹布，把水吸在上边。

**把绘画用具放回原处**。绘画材料用完后一定要养成收回原处的好习惯。这些做法既能让孩子在画画中保持清洁，又有助于培养他们良好的秩序感。

**选合适的美术书**。

注意适用年龄。书中的内容如果太难，不容易让孩子品尝到学画成功的喜悦，时间长了，他很容易对画画失去兴趣。所以父母选书时要先看看美术书的提示，如：“适合2～3岁的幼儿”，同时还要针对自己对孩子现有水平的了解。

单一的简笔画不妥。有些父母以为简笔画最适合幼儿，所以只给孩子买简笔画书籍。其实，虽然简笔画可以帮助孩子积累一定的造型表象，但同时它也比较单调，容易限制孩子自己的造型能力。所以，过多的简笔画书籍会限制孩子的创造性发展。

注意书籍本身的美观。画面大、印刷清楚、色彩纯正和明亮的美术书更便于孩子观察和欣赏。

有趣味性。不单纯提供范例，还穿插了有趣情节的美术书，或是“混合式”的书籍，如折纸结合绘画（在折好的东西上添画）、涂色结合绘画等图书更适合孩子。

少而精。每次精心挑选一本好的美术书籍，然后引导孩子充分地利用它。

**为孩子选一位好的美术启蒙老师**。选择启蒙老师，要尽可能挑选专业素质好，受过专业训练，有丰富教学经验，懂得一定的儿童心理，能够根据儿童美术发展的规律和年龄特点安排教学的老师。选对老师，不但可以让孩子学得轻松而有乐趣，还能协助父母因材施教，为孩子量身定制发展方案。

请父母一定记住：不是每一个孩子都能够成为艺术家，但每一个孩子都需要早期的美术启蒙教育。

## 做个音乐小精灵——开发孩子的音乐智能

音乐能开发孩子的智力，父母也希望自己的孩子聪明、能干。但对于怎样教孩子欣赏音乐，进而开发孩子的音乐智能不够了解，常会产生以下情况：

**选择的音乐不当**。不考虑是否适合孩子的年龄特点，随意性大。父母常常随意拿出什么音乐带就放给孩子听，不管他爱听不爱听和能不能理解。

**父母在放音乐给孩子听时，不注意他的情绪状况**。如孩子正在兴奋地玩耍时，硬要让他静下来听摇篮曲。

**教孩子欣赏音乐的方法不够恰当**。只注意用语言将音乐的内容描述给孩子听，忽略了让孩子自己用动作表达对音乐的感受。

**缺乏常性**。遇到父母有空时、情绪好时，就拉着孩子欣赏音乐。一旦工作或家务忙起来、情绪不好时，音乐欣赏就间断。

那么，父母怎样教孩子欣赏音乐呢？

**让孩子经常听和看**。通过听觉，能让孩子感受音乐，理解乐曲所塑造的音乐形象。平时在家里，可以选择一些富有感染力的幼儿歌（乐）曲，把孩子引入歌（乐）曲的意境，感受乐曲的情绪。另外，还可以带他参加音乐会，玩漂亮的音乐玩具，让孩子置身于音乐艺术的氛围中。从环境着手，扩大视野，有助于音乐才能的培养。

**让孩子经常想象和辨别**。平时爸爸妈妈可以选择一些简单的进行曲、摇篮曲、歌舞曲让孩子听。特别是孩子睡觉前，可让他听摇篮曲；孩子情绪高、手舞足蹈时，听一些欢快的歌舞曲等。让孩子无意识地感受摇篮曲的温柔、优美，欣赏歌舞曲的欢快、热烈，逐步训练和提升他对音乐的分辨能力。在此基础上可选择一些曲子，爸爸妈妈用生动、形象的语言启发孩子走进音乐世界，展开丰富的想象，并用简单的动作表达对音乐的感受，以提高他的感受力和理解力。

**让孩子经常唱和玩**。要经常让孩子唱一唱，记一记，找一些歌曲让他边听、边唱、边欣赏，体会其中的内容和情感。

**让孩子经常表演和做动作**。鼓励孩子随着音乐的节奏和旋律，爱做什么就做什么动作，自由地手舞足蹈，让他的创造力和表现力在乐曲的欢乐情景中淋漓尽致地、无拘无束地发挥出来。

**在游戏中欣赏音乐**。比如游戏，纸上谈“音”。让孩子用彩笔表达对音乐的感觉。

给孩子预备好白纸、彩色蜡笔和尺子。

随意选一些 CD 播放，告诉孩子用蜡笔画出听音乐时浮现在他脑海里的图案。鼓励孩子可以边跟着曲子哼唱边画画。父母可以先放一些古典音乐，然后换成爵士音乐、乡村音乐等其他类型的乐曲。

仔细观察画纸上孩子对不同类型音乐的理解和反应：他是否使用了不同的颜色？有些孩子可能会画出清晰的图画，而有些孩子则只画出一些简单或潦草的线条。

父母最好也能体会一下音乐和绘画之间的联系，这样也许可以感同身受地分享到孩子被音乐激发的不同感觉。

## 让孩子轻松“触”电

### ——对学龄前儿童的电脑教育

如今人类生活的时代，已经是一个不折不扣的电脑时代。父母们渴望着孩子尽早接触电脑，却也担心电脑会损害孩子的健康。如何明智、科学地引导孩子步入电脑世界，是当今父母面临的最大问题之一。

孩子学电脑和学钢琴、学外语、学画画一样，也必须循序渐进、由浅入深。父母切不要因为孩子在学电脑起步较其他孩子晚就要求孩子速战速决，也不要自以为孩子聪明过人而定下“硬指标”，期望他几天就玩转电脑。

**选择合适软件**。不少年幼的孩子，尤其是女孩，抽象思维能力尚不发达，对枯燥乏味的“电脑语言”往往感到兴味索然。因此，选择合适的软件至关重要。

要选择那些寓教于乐的软件，以保证孩子能长时间地对电脑保持浓厚兴趣，而不只是简单地把教科书搬到电脑屏幕上。

不要迷信软件包装上的文字说明，父母最好亲自演示一下。因为只有这样做才能确切了解软件的难易程度，同时也可征求孩子是否喜欢。

为孩子选择的软件种类可以多一些，不仅选择供孩子“学”的软件，还要选择一些供孩子“玩”的软件。原因很简单：孩子学电脑不光是学知识，这种学习本身更是一种

“大脑体操”，可促进幼儿的思维更为活跃、积极、准确、周密、理性。

**组织比赛**。把年仅四五岁的孩子关在家中孤零零地干学电脑知识，时间长了必然令他热情大减。爸爸妈妈可常常把孩子的小伙伴请到家里来，有意识组织一些小型的比赛，以增加孩子学电脑的兴趣。此举还有一个好处：提醒这些小不点儿们，除了五彩缤纷的电脑世界之外，还有更重要、更精彩的人类社会，避免他们一头扎进电脑之中不能自拔，最后沦为不近人情的“电脑狂”。

**指导孩子将电脑与实际相联系**。引导孩子运用电脑解决一些日常生活中的实际问题，水平较高的父母还可指导孩子自行设计程序，为的是帮助孩子认识到：电脑只不过是人类用以改造世界的一种工具，既不是神秘莫测，也不是法力无边。

**时刻关注孩子是否出现异常**。孩子如过度痴迷电脑，往往会出现诸如视力减退、食欲不振、精神困顿、注意力难以集中、头昏脑涨、皮肤失去弹性等症状。此时，父母应要求甚至强行命令孩子减少和电脑的“交往”，转而多多参加其他户外活动。英国父母要求孩子遵守的“三大纪律”包括：在电脑前学习或游戏 1 小时之后便要外出呼吸一下新鲜空气；每天保证有 1 小时的日光浴；每次使用电脑后必须洗手、洗脸。

**制订特别食谱**。由于学龄前儿童比入学阶段的孩子更易遭到异常环境的负面影响，父母应为“小小电脑迷”制订营养丰富的特别食谱，其中的要点包括：补充比平常更多的水分（因为长时间地受荧光屏照射，皮肤极易干燥），吃好早餐（以保证身体摄取足够的维生素、碳水化合物和蛋白质），午餐以鱼、瘦肉、蘑菇和豆类制品等高蛋白食物为主，晚餐则以低脂食品为佳（即以新鲜水果和蔬菜为主），此外还须额外补充蛋黄、鱼头、果仁等富含磷脂的食品，并多食胡萝卜、牛奶和西红柿等“护眼食品”。

**购置电脑不必“一步到位”**。父母为孩子购置电脑时应普遍遵循的一个原则是：不求最好、最贵的，即不必“一步到位”，在配置上够用便可。因为在电脑技术日新月异的今天，追求所谓的“一步到位”既浪费金钱，而且并不实用。

当然，完全没必要让孩子过早地接触电脑。等到了合适的年龄，当孩子自己对电脑产生兴趣时，“触”电学习也就水到渠成了。

## 积极与人交往——打造孩子的社交能力

未来的社会需要人们具有社会交往和活动的能力，但现在好多孩子由于是独生子女，缺乏与人合作、交往的学习和锻炼，在社交过程中出现了不少问题。一般说来，学龄前儿童社交类型可分为三类：

**尝试型**：孩子会试着和别人接触，使用一些让别人

注意的手段，比如提出问题，说自己的事情，表达自己的意见等；

**强制型**：孩子强行和别人交往，如果对方不答应，他就可能会以骂人、打人等暴力方式进行回应；

**逃避型**：孩子害怕和别人接触，总是躲避别人的注意。

父母可以从以下几方面入手培养孩子的社交能力：

**搞清楚自己孩子的社交类型**。然后对症下药，有针对性地帮助孩子克服社交障碍，提高社交能力。

**培养孩子遵从社交规则**。被同伴拒绝的孩子，很多是因为他们不懂得交往的规则。比如他在参与团体游戏的时候，不懂得"排队"规则；小朋友们商量做哪项活动时，他也不知道"协商"和"少数服从多数"的道理，只会按自己的想法做。为此，父母在日常的生活中，不妨制订明确的交往规则，要求孩子遵从。比如在餐桌上，把孩子爱吃的东西适当地分给其他人，然后告诉他："好东西人人都喜欢，所以大家要公平地享用，不能一个人独占。"久而久之，孩子被动接受的社交规则，被他逐渐内化形成巩固的能力后，就能够自如地运用到和同伴的交往当中了。

**培养孩子具体的社交策略**。父母可以教孩子学习一些具体有效的社交策略。如教孩子注意观察其他小朋友，如果看到在游戏过程中出现了麻烦，像搬不动东西时，可以主动上前提供帮助。

**创造具体的情景，锻炼交往能力**。父母还可以创造一些具体活动，吸引孩子们前来一起参加。交往需要情境，对孩子而言，交往的最好前提是共同做某项彼此都感兴趣的事情。如果孩子害羞，父母可以鼓励他先找跟自己比较熟悉的孩子一起玩，然后再去和其他孩子接触。父母也可以在家中举办小晚会，邀请左邻右舍的小朋友一起参加，观察孩子与同伴交往的情况如何，然后有针对性地对他进行交往能力的培养。

**引导孩子观察他人的情感变化**。在与同伴的交往中，对他人情绪的正确感受和积极反应是成功交往的基础。在日常生活中，父母可以通过看电视、做游戏等方式，教会孩子观察：别人的情绪变化是如何通过脸部表情及肢体动作来表现的。同时还应注意引导孩子学会思考自己的行为对他人会造成什么样的情感变化，可以多问问他："如果你是他，你会怎么想?"让孩子学会换位思考。

**对害羞的孩子父母更要特别耐心**。尽可能让孩子按自己的节奏克服胆怯，不要急于求成。

**小心观察，表扬点滴进步**。这样才能促进孩子把自己不经意的行为变成稳定的行为。

## 帮助孩子应对同伴冲突

### ——培养孩子化解矛盾的能力

有一位妈妈说，在孩子很小的时候，自己就对他做了许多正面教育，告诉他要与小朋友保持团结，不能打架。可是，自从儿子上了幼儿园后，就老是被其他小朋友欺负。现在连自己都不知道当初的这种教育对不对了。其实，这位妈妈的困惑可能也正是许多父母的困惑，到底应该怎么教育孩子面对同伴间的冲突呢？

从客观上分析，同伴之间发生冲突未必完全都是坏事，孩子正是需要在面临、认识与解决冲突中，了解人际关系，学习交往技巧，发展人际关系智能。因此，父母不要担心孩子之间发生冲突，就限制他们的游戏和交往。关键是应该教会孩子如何应对同伴间的冲突。

大多数三四岁的孩子，自己解决与同伴冲突的办法不外乎两种：要么退缩回避，要么挥拳相向。妈妈爸爸则要帮助他认识到：解决冲突的办法其实有多种，不管采用哪一种，最终的目的都是让小伙伴友好相处，学会合作。具体可以做到：

**帮助孩子理解限制行为的各种规则以及制订规则的原因**。

**帮助孩子认清冲突的原因，并设想另外的替代行为及结果**。例如：当孩子想要玩同伴的玩具时，告诉他除了使用武力抢夺的方法外，还可以和对方协商交换玩具，或者与对方商量玩玩具的时间。

**引导孩子理解合作的意义**。三四岁的孩子需要让他们直接地观察两人或多人一起合作解决问题或完成某项任务，给予他们模仿的机会。要鼓励孩子“扎堆儿”。因此，父母要鼓励孩子平时与街坊邻居的同龄孩子一起玩，并积极参加社区组织的各种亲子活动，让孩子习惯“扎堆儿”。

**鼓励孩子主动帮助别人**。例如：主动帮助邻居的叔叔阿姨拿报纸，上电梯的时候鼓励他为别人按电梯楼层按键。

**让孩子自己解决冲突**。当孩子和同伴发生冲突时，尽量让他们自己进行解决。尽可能不替代，让孩子随着年龄长大不断增加处理冲突的能力。

**增强孩子“反欺负”的能力**。可以通过以下几种方法:

模拟训练。在家故意“侵犯”孩子，看他会不会躲避，锻炼他对外来危险的预见能力以及迅速规避能力。

学会呼救。教给孩子几句简短的句子，并让他大声、快速地说出来：“你干什么?”“老师快来!”给对方威慑，为自己呼救。

防卫适度。要教育孩子“见好就收”，不能“防卫过度”。

做好榜样。在日常生活中，父母是孩子人际交往的榜样。为了能更好地和同伴玩耍，妈妈爸爸可以教给他一些善意、有趣的手势，并经常微笑着面对孩子。

## 参考书目：


1.《学龄前儿童教育》(苏) B·H·阿瓦涅索 教育科学出版社 2004 年

2.《为了下一代》姜宏德 新华出版社 1998 年

3.《早期教育》刘泽先主编 知识出版社 1984 年

4.《不良少年三岁起》(日) 相不和男著 外文出版社 1999 年

5.《道德智商》(美) 罗伯特·科尔斯 北京出版社 1999 年

6.《创造大未来——学龄前儿童的家庭教育》王小龙主编 余红宁编著 中国纺织出版社 2001 年

7.《亲子沟通》胡幼光等著 桂冠图书股份有限公司 1998 年

8.《我们是这样教育孩子的》王东华主编 中国妇女出版社 2001 年

9.《写在纸条上的秘密》(美) 朱利安·泰普林 四川少年儿童出版社 2005 年

10.《我们教育孩子的观念》李旭大、邵夏珍编著 中国商业出版社 2002 年

11.《我们教育孩子的方法》邵夏珍编著 中国商业出版社 2002 年

12.《培养幼儿好习惯》孙宏艳主编 晏红著 北京出版社出版集团，北京少年儿童出版社 2006 年

13.《培养哈佛天才》方舜舟编译 海潮出版社 2001 年

14.《这样教子最无效》杨冰编著 天津社会科学出版社 2004 年

15.《学前教育学》梁志燊著 北京师范大学出版社 1990 年